Johannes Roth

Gartenlust im Winter

Mit farbigen Fotografien

von Marion Nickig

Insel Verlag

Insel-Bücherei Nr. 1370

Gartenlust im Winter

Was macht der Gärtner im Winter

Der Winter ist des Gärtners schönste Zeit. Draußen knackt der Frost. Drinnen knackt es im Kamin. Es duftet auch. Ein Arm voll getrockneter Lavendelrispen ist dem Feuer übergeben worden. Und singt von einem Feuer anderer Art, das ihm ein Mädchen entzündet hat, so daß er nun glüht wie ein Vulkan: Ah, ch'io vengo un Mongibello. Während Cembalo, Gambe und Violine seinem brennenden Herzen den musikalischen Sauerstoff zuführen, schaut der mitfühlende Gärtner durch die Scheibe hinaus in die kalte Natur: Baum und Strauch stehen starr im Reif, aber Amseln streiten hitzig um Haferflocken, die gar nicht für sie gedacht sind, Meisen, Finken knakken Sonnenblumenkerne, Spatzen schwirren. Ein Dompfaff dazwischen. Ein Dompfaff? Plötzlich ist es am Gärtner, starr hinterm Fenster zu verharren, obwohl die Schöne, damigella tutta bella, dem Sänger gerade neue Gluten entfacht: Vom unteren Garten her nähert sich der Fasan samt seinen vier Damen zögernden Schritts dem überdachten Futterplatz.

Der Winter ist des Gärtners schönste Zeit. Wochenlang kann er sich aufs Zuschauen beschränken. Er ist zum Nichtstun verurteilt. Nicht einmal über den gefrorenen Rasen darf er laufen, das schadet den Gräsern. Er geht bloß zweimal die Woche über die Trittsteine am Bach entlang zum Kompostplatz, bringt die Küchenabfälle unter. Er gräbt sie ein, deckt mit Laub und Reisig ab, damit Kaffeefilter und Orangenschalen nicht von Elstern und anderen Rabenvögeln in der Nachbarschaft verteilt werden. Auf dem Rückweg zum Haus sieht er nach den Wühlmausfallen. Leer. Doch daneben ein frischaufgeworfener Erdhaufen. Und noch einer. Nur nicht ärgern. Bald, wenn die Wolfsmilch wieder wächst und die Kaiserkrone blüht, bald geht es der Wühlmaus an den Pelz.

Der Winter ist des Gärtners schönste Zeit. Vergessen ist der grausame Sommer mit den Arbeitswochenenden, den Fünfzehn-Stunden-Tagen, an denen der Gartenbesitzer nach dem Säubern und Aufräumen der lehmverschmierten Gerätschaften gegen Mitternacht noch einmal steifbeinig hinaustappte ins frischgeschorene Rasengelände und den Sprenger nun nicht mehr versetzte, sondern abschaltete, hernach mit weichen Knien kaum noch den Weg aus der Dusche ins Bett gefunden hat.

Was ist der Winter für eine angenehme Zeit! Zeit der Ruhe, Zeit zum Bedenken. Das Rotkehlchen hilft mit. Es ist immer dabei. Erst schnickert es unsichtbar in ferneren Gehölzen. Dann kommt es näher, umkreist den Gartenbegeher. Äugt und wippt. Aus Neugier oder Sorge? Wer weiß es. Gewiß ist nur, sagt der Ornithologe, daß diese Rotbrust ein Männchen ist; die Weibchen und die Jungen fliehen vor dem Frost nach Süden. (Nein, sagt ein anderer. Falsch. Manche fliegen weg, manche bleiben, ob Männchen oder Weibchen.) Der dicke Gärtner und der kleine Vogel allein in der Winterstille. Der Vogel fliegt eilends hin und her. Auch der Gärtner ist voll geheimer Unruhe.

Anderntags steht er wieder am Fenster und schaut hinaus. Hinaus ins Offene, Durchsichtige, Aufgeräumte oder auf das vom Schnee gnädig Zugedeckte. Er schaut und ist zufrieden. Da und dort könnte es, genau besehen, besser sein. So manches muß anders werden. Der Pantoffelgärtner sieht Arbeit. Gleich fürs Frühjahr. Das freut ihn. Verdrießen könnten ihn die lästigen Amseln, weil sie noch unter dem Deckreisig hervor das schützende Laub auf den Rasen zerren. Sängen sie nicht bald wieder so hinreißend, morgens um fünf und abends um neun, man müßte sie alle erschießen, die Amseln. Knurrend zieht er die Schuhe an, weil er nicht länger zusehen kann, wie sie am Teich, der sich als ein Bach durch den Garten zieht, vergebens das Wasser suchend übers Gefrorene rutschen. Also den Pickel aus dem Keller

holen, Trinkplätze und Badestellen ins Eis stoßen. Es lohnt die Mühe. Bis zum Bauch stehen die ungeliebten Schwarzröcke dann am seichten Rand im Geröll, tauchend, flügelschlagend, spritzend. Eine Schar Stare fällt ein. Das ist erst ein Schauspiel! Stare, wenn sie baden, das sind Wasserwerfer, Spritzbrunnenaufdreher, Fontänenmeister. Ein Südfenster gehört freilich dazu, und ein Gegenlicht.

Der Winter ist des Gärtners schönste Zeit. Wann sonst sieht er so klar, wie stattlich der Bambus steht? Auch das Chinarohrgras, das zierliche, aber schon ebenso hohe. Im Sommer schießen die Halme ins Kraut, alles schießt da ins Kraut und verschwindet hinter seiner Lebenskraft. Jetzt haben die mannshohen, weich überhängenden Stengel von Fargesia murielae ein Drittel ihrer Blätter verloren, jetzt, vor dem schrägen Licht, beleben sie bizarr belaubt die grau und weiße Leere. Ganz anders, drei Meter hoch, aber nicht weniger schön, die trocken raschelnden Fahnen des großen Chinaschilfs, Miscanthus japonicus, am Wasserfaß. Pflanzenschönheit für ein Wintergedicht.

Der Gärtner ist kein Dichter, sondern Täter. Er setzt die Mütze auf, packt Handschuhe, Säge und Scheren, taucht den Pinsel in die Büchse mit dem Baumwundmittel, marschiert ins Freie, obwohl die schwache Sonne von blauweißen Wolkenwalzen weggeschoben wird, die einen wirbelnden, doch fast folgenlosen Schneeschauer von Nordwesten übers Haus werfen – er kann nicht länger warten. Ein Taschenbuch aus dem Ulmer-Verlag ist ihm in die Hand gekommen: »Der Winterschnitt von Obst- und Ziergehölzen«, von Günter Pardatscher. Gewiß, er besitzt dickere Bücher zum Thema, aber dieses hat er gelesen. Und Herr Pardatscher hat ihn auf Trab gebracht. Nicht nur der Hibiskus wartet aufs verjüngende Auslichten. Der ganze Garten wartet. Der Winter, gottlob, ist bald vorbei.

Wenn der Pfennigbaum blüht

Den Pfennigbaum haben wir in Mexiko kennengelernt. Dort steht er in der Halbwüste oder im wüsten Vorgarten oder auch, wie sommers bei uns, im großen Topf zu seiten der Terrasse. Die Urheimat, sagen die botanischen Bücher, seien die südafrikanischen Gebirge am Kap der Guten Hoffnung. Südafrika ist gewiß ein schönes Land. Doch halten wir uns lieber an Mexiko. Wegen seiner Götter. Seiner Töpferei. Seiner heißen Küche.

Das Stärkste, was Mexiko dem Gast zu bieten hat, ist die Margarita im Cocktailglas, ein Aperitif aus zwei Teilen Tequila, einem Teil Orangenlikör und einem Teil Zitronensaft. Gut für starke Sommerabende oder schwache Stunden am winterlichen Kamin. Eine vergleichsweise milde Verführung heißt Guacamole. Sie sollte zur Margarita gelöffelt werden: Eine reife Avocado mit der Gabel zerdrücken, mit Zitrone beträufeln, zwei kleine Knoblauchzehen, einen großen Löffel feingehackter Zwiebeln, einen kleinen Löffel noch feinerer Chilischote und das gewürfelte Fleisch einer Tomate mit Salz, einigem Pfeffer und mehreren Tropfen Tabasco daruntermischen, kurz kaltstellen: grün, sämig, sanft und dennoch scharf. Eine einfache, schnelle Sache, aber als Vorspeise so wirkungsvoll, daß der in der Küche dilettierende Gärtner nicht versäumen sollte, den Hausfrauen etwas vorzumachen. Es ist ein simples Kunststück für Hochstapler, also wie geschaffen für unsereinen. Mit dem Pfennigbaum ist es nicht anders. Man braucht nichts zu können, nichts zu wissen, muß kaum düngen, selten gießen. Man braucht auch keinen Garten. Nur einen tönernen Topf und etwas Geduld. Nach ein paar Jahren steht ein vielstämmiges Gewächs da, breit, fett, sichtlich in sich ruhend, so daß es einem am Ende selber Eindruck macht. Und es blüht auch noch gerade in der Zeit, in der fast alles Lebendige erstirbt.

Der Pfennigbaum ist ein Dickblattgewächs mit sukkulentem Stamm, eine von dreihundert Arten der Crassula, nämlich Crassula ovata (in älteren Büchern heißt sie portulacea, manchmal auch fälschlich obliqua). In den Bergen des Kaplandes wächst dieser rundum rundliche Baum stark verzweigt zu drei Metern Höhe heran. Der unsere ist noch nicht ganz anderthalb Meter hoch. Er ist allerdings erst elf, zwölf oder dreizehn Jahre alt. Sein Alter ist so genau nicht bestimmbar, weil die junge Pflanze als Geschenk von einem Kollegen ins Haus gebracht wurde, damals gerade eine Handspanne hoch, ein Stämmchen mit Blättern, die mit Hilfe der zehn Finger hätten gezählt werden können.

Diese zwergige Crassula kam aus einer dunklen Stadtwohnung als Ableger einer nicht viel größeren Mutterpflanze. Denn nichts ist leichter als das Vermehren von Pfennigbäumen: Ein abgebrochenes oder abgestoßenes Zweigstück wurzelt auf halbwegs lockerer Erde sofort an. Anfangs darf für Feuchtigkeit gesorgt werden; das gibt Tempo, das gibt Zuwachs, das gibt großohrige grüne Blätter. Je älter die Pflanze wird, desto weniger schätzt sie das Wasser. Sie mag trockene Hitze. Regnet es ihr im Sommer zu oft auf den Kopf und in den Topf, gilben die älteren Blätter, schrumpeln und fallen schließlich als silbriges Gebrösel ab. Dasselbe Bild, wenn im Winter aus falscher Fürsorge zu oft gegossen wird. Man kann den Pfennigbaum kaum zuwenig gießen. Er will nur manchmal mit der Wäschespritze eingenebelt werden. Steht er angemessen trockenen Fußes im Topf, röten sich die ovalen Blätter am oberen Rand; das ist ein Zeichen, daß es ihm gut geht. Sichtlich wohl fühlt sich der Pfennigbaum nach warmen Sommern. Dann blüht diese Crassula im Dezember mit kleinen weißen Fünfzacksternen, die sie sich zu Hunderten wie einen Schleier über die stämmige Figur wirft. Die Crassula, das Dickblatt, der Pfennigbaum – dieses Wesen wechselnden Geschlechts zeigt menschliche Züge. Je besser es ihm geht, desto dicker wird der Kerl. Er wird im-

mer gewichtiger. Allmählich wird er untragbar. Nur noch schieben läßt er sich im immer größeren Topf. Solange er durch die Terrassentür ins Freie gezogen und vor der ersten kalten Nacht wieder ins Haus bugsiert werden kann, ist alles gut. Aber im nächsten Jahr wird er sich nicht mehr durch die Türfüllung zwängen lassen. Was dann? Im Sommer will er den wärmsten Platz auf der Terrasse, im Winter den hellsten Ort nah am Fenster. Er mag kühl stehen, doch die Nähe der Heizung stört ihn auch nicht, nur will er dann doch einmal in der Woche gegossen und jeden zweiten Tag besprüht werden. Die Feuchtigkeit aus der Luft tut der Pflanze gut, die in ihrer regenarmen Heimat auch über lange Perioden nur mit nebelartigen Niederschlägen lebt. Und sie hält die Schildläuse ab, die sich in zu trockner Wohnungsluft auch auf dem Pfennigbaum ausbreiten. Sind die unerfreulichen Gäste aber da, tropft es klebrig von Blatt zu Blatt, spritzen wir nicht mit schwerem Gift wie früher, sondern mit Kontralineum, das auch gegen Läuse, Milben und Weiße Fliege an Rosen und Rhododendren hilft.

Ob wir den Pfennigbaum als männliches Wesen schätzen oder als vielarmige Crassula lieben, in jedem Fall sollten wir der Anspruchslosigkeit der Pflanze mit einem bescheidenen Maß an Zuwendung begegnen. Mit der Liebe zu den Pflanzen ist es wie mit der Liebe bei den Menschen: Gerade diejenigen, die den Eindruck erwecken, sie kämen ganz allein zurecht, wollen doch gestreichelt werden, wenigstens mit Blicken, wenn nicht mit Worten. Was Ahnungslose oft den grünen Daumen nennen, den jemand habe, ist in Wahrheit ein aufmerksames Auge. Mit der faulen Floskel »Wie geht es Ihnen?« ist nichts gewonnen. Es muß heißen: »Wie fühlst du dich? Was kann ich für dich tun?« Und, noch wichtiger: »Du gefällst mir. Ich bin stolz auf dich!« Das ist die Sprache, die Pflanzen verstehen.

Tochter des Walds: Schwarze Nieswurz

Die Experimentierstunden im Physikunterricht waren damals zweimal spannend. Erst beobachteten die Schüler begierig, an welcher Tücke des Objekts der Demonstrationsversuch diesmal scheitern werde. Sodann war der vom Ungeschick geschlagene Lehrer begierig herauszufinden, wer in seine Erklärung des Unerklärlichen hinein aus den oberen Bankreihen das Niespulver geblasen hatte. Auch in dieser Hinsicht war er nicht sehr erfolgreich. Er trug den Spitznamen Igel; wegen seiner Frisur und seiner ebenso stachelköpfigen fünf Kinder. Ob der Pädagoge wenigstens mit denen fertig wurde? Und wie er die wohl zuwege gebracht hatte? Fragen, die das Interesse an Magnetismus und Selbstinduktion durchaus überwogen. Heute wüßten wir gern, ob das etwa pulverisierte Nieswurz war, was der Schreibwarenhändler im graubraunen Tütchen für drei Groschen verkaufte.

Die Schwarze Nieswurz, die jetzt unschuldsvoll im Garten blüht, weiß, mit einem Stich ins Grüne, oder vor Wochen schon geblüht hat oder auch erst im April blühen wird, vielleicht aber gar nicht, weil sie sich mit dem neuen Platz unterm Hartriegel noch nicht abgefunden hat oder weil ihr der vergangene Sommer zu heiß war – sie ist ein seltsames Geschöpf.

Am 29. Oktober 1841 berichtet Mörike dem Freund Hartlaub von der Begegnung mit einer fremden Blume auf dem Friedhof in Neuenstadt. Dem übernächsten Brief, vier Wochen später, legt er ein Gedicht bei: Auf eine Christblume. Es hebt so an: »Tochter des Walds, du Lilienverwandte, / So lang von mir gesuchte, unbekannte«. In sieben Strophen entfaltet sich dann eine sehr Mörikesche Hymne, in der fromm das Reh, der mitternachts tanzende Elf und die benedeite Gottesmutter nebeneinander himmlische Keuschheit beäugen und bezeugen. Doch hat sich der Dichter offenbar bei den Botanikern kundig gemacht. Denn sie ist eine Waldpflanze, seine Christblume, unsere Christrose, Schneerose, Schwarze Nieswurz, Helleborus niger. Mit ihrem fingerförmig gelappten Laub gehört sie in die Familie der Hahnenfußgewächse. Den Lilien ist sie nicht verwandt, jedenfalls nicht botanisch, nicht in heutigen Büchern. Verwandtschaft besteht aber zu den Seerosen; die wurzeln im Sumpf.

Um die Wurzeln seiner Christblume hat sich Mörike nicht gekümmert. Sie stammen aus Teufels Küche. Er schaute auf die Blüte: »Schön bist du, Kind des Mondes, nicht der Sonne.« Wahrscheinlich hatte er den kleinen Helleborus niger Praecox vor Augen, die frühblühende Sorte, die oft nicht einmal den November abwarten mag. Aber auch Helleborus niger macranthus Altifolius entfaltet sich, groß und eindrucksvoll, noch im alten Jahr. Andere Sorten müssen im Gewächshaus vorgetrieben werden, damit sie im Dezember blühend über den Ladentisch gehen und als Topfpflanze dem Alpenveilchen für einige Wochen Konkurrenz machen können.

Denn diese Winter-Blume verträgt extreme Kälte, aber auch das geheizte Zimmer. Wer ihr wohlwill, stellt sie freilich über Nacht an einen kühlen Ort. Im späten Frühjahr läßt sich die abgeblühte Pflanze ins Freie setzen. Dreierlei ist dabei zu beachten. Die Nieswurz liebt den Kalk. Deswegen wird das Pflanzloch ordentlich mit Kalkschotter unterfüttert. Darüber mag sie es humos: leichten Lehm mit Lauberde und reifem Kompost. Auch dort, wo sie wild wächst, im Berchtesgadener Land zum Beispiel, steht sie auf nahrhaften Verwitterungsböden über dem Kalkgestein. Die Nieswurz liebt den lichten Schatten, zumindest während der sommerlichen Ruhezeit, die gern trocken sein darf. Sie hat ihren Platz am Gehölzrand unter Sträuchern und Bäumen. Und viertens: Die Nieswurz ist weiblich, also treu, also empfindlich gegenüber Verpflanzungen; es kann zwei Jahre dauern, bis sie sich mit einem neuen Standort abgefunden hat. Im ersten Sommer hängt

das Laub erschreckend welk. Sie trauert. Gießen hilft da nicht, nur Geduld.

Plötzlich, mitten im kalten Winter, erblüht sie doch, errötet mehr oder weniger und wird allmählich grün. Anders die Grüne Nieswurz, Helleborus viridis. Die bekennt sich von vornherein zu ihrem Namen. Sie ist selten geworden, auch in süddeutschen Bauerngärten wird sie nicht mehr gebraucht. »Bei Viehseuchen wie Milzbrand durchbohrte man den kranken Schweinen das Ohr und steckte die Nieswurz durch.« Derlei gehört heute ins Lexikon des Aberglaubens. Was andere, seriöseren Sparten der Heilkunde gewidmete Werke von der Nieswurz berichten, ist verwirrend genug. Griechische Philosophen sollen sie gegessen haben, um sich die Geisteskraft zu erhalten. Die Römer sagten von einem Dummkopf: Er hat die Nieswurz nötig. Doch wenig mehr als ein Gramm von der gepulverten Wurzel kann zum Tode führen. War wirklich Nieswurz im Niespulver? Wurzeln und Blätter enthalten das Herzgift Hellebrin und das Reizgift Helleborin. Nieswurz-Tinkturen sollen gut sein gegen Krämpfe und Psychosen, auch gegen Ausschlag und Kopfschmerz.

Plinius der Ältere, der Admiral und Naturforscher, der im Jahr 79 beim Ausbruch des Vesuvs ums Leben kam, empfahl die dunkle Wurzel als Abführmittel und als Gegengift gegen den Wahnsinn. Sollte man die friedliebenden Rüstungspolitiker mit Christrosen füttern? Paracelsus, der seinerzeit die Nieswurz von neuem entdeckte, schrieb überschwenglich: »Wolt got das der beste doctor aller teutschen hohenschulen diese wurz und kraut gebrauchen könnt …, so het er kunst genug.« Das mag für Ärzte gelten, die Bio-Gärtner und Selbstversorger werden in den Heilpflanzenbüchern gewarnt: »Im Hause sollte die Schwarze Nieswurz wegen ihrer Giftigkeit nicht benutzt werden.«

So lasse man die Schwarze Nieswurz im Garten, grabe nicht, hakke nicht, damit sie sich über die Jahre hin ungestört ausbreiten kann.

Im Sommer deckt ihr immergrünes Laub den Boden, im Winter halten wir uns wie Mörike an die wundervolle Blüte.

An die Birkenfeige verloren

Wenn ich mit Menschen- und mit Engelzungen redete und hätte der Liebe nicht, so wäre ich ein tönend Erz oder eine klingende Schelle.« Das galt nicht nur für den Apostel Paulus, das gilt auch für den Gärtner, der seinen Gewächsen das Blühen predigt. Gäbe er, der Pflanzenpfleger, nicht einen Schuß Liebe drein, kaum merklich als Spurenelement, die Mühe könnte vergebens gewesen sein. Die Azalee oder das Alpenveilchen, die Gardenie oder der Granatapfel, wiewohl ordnungsgemäß gedüngt, belichtet und temperiert, sie wollten ihm vielleicht übers Jahr die Blüten nicht mehr öffnen.

Paulus rechnet es im ersten Brief an die Korinther vor, wie dieses Vitamin beschaffen ist, dieser Nährstoff für alles Lebendige: »Die Liebe ist langmütig und freundlich, die Liebe eifert nicht, die Liebe treibt nicht Mutwillen, sie blähet sich nicht, sie stellet sich nicht ungebärdig, sie sucht nicht das Ihre, sie läßt sich nicht erbittern … sie verträgt alles, sie glaubt alles, sie hoffet alles.« Ja, hoffen, das muß sie. Und schließlich: »Sie duldet alles.«

Sie duldet alles? Nein, ruft der Zimmergärtner. Nein! Was wäre das für eine Liebe, die nicht Grenzen zieht? Im Freien mag manches hingehen, nicht in der Wohnung. Fürs Haus gilt als erstes Gebot: Lasse dich nicht unterjochen! Leidenschaft ist gut, doch sie will gezügelt sein.

Garten heißt warten. Aber im Haus wachsen sich rasch Katastrophen aus. Unversehens kommt der Duldsamste in die Lage, sich wehren zu müssen. Gestern hat die geliebte Birkenfeige noch schüchtern in der Ecke gestanden, heute greift sie schon breit über den Tisch und meint, sie solle beim Bœuf à la bourguignonne neben dem Lorbeerblatt im Topf gleich mit einem ganzen Zweig von der Seite her mitmischen. Was ist das für eine Pflanze, die Birkenfeige? Erst schlank und zart, alsbald raumgreifend herrschsüchtig; kaum Mädchen, schon Matrone.

Die Birkenfeige ist ein Gummibaum. Nein, nicht jener steiflederne, der neben dem Fernsehgerät steht, sondern der kleinblättrige, botanisch Ficus benjamina. Ficus, weil dieser Baum zur achthundert Mitglieder zählenden Familie der Feigen gehört, obwohl sich kein Feigenblatt an ihm findet. Man muß die Birkenfeige nicht beschreiben, sie steht in fast allen Schalterhallen und eben auch in vielen grünbedürftigen Wohnungen, so die noch einige Kubikmeter Raum haben neben dem Eßplatz oder dem Schreibtisch.

Die gängigen Bücher über Zimmerpflanzen enthalten allemal das Nötigste zum Gummibaum. Übersichtlich und ausführlich informiert das nicht oft genug zu rühmende Werk von Karlheinz Rücker, »Die Pflanzen im Haus« (Ulmer-Verlag). Rücker stellt so viele Arten und Sorten für die Zimmerkultur vor, daß unsere jahrzehntelange Treue zur benjamina irritiert werden könnte. Da sind macrophylla und microcarpa, deltoida und triangularis, aspera und rubigunosa, pumila und sagittata, eine schöner als die andere; die allerschönsten, die buntlaubigen, überlassen wir den Fenstern mit den Wolkenvorhängen, aber die schmalblättrige cyasthistipula oder die elefantenohrige lyrata möchten wir gelegentlich von nahem besehen – bevor wir doch bei der feingliedrigen Birkenfeige bleiben. Auch sie ist mit den Früchten der Liebe begabt, keuschen Miniaturen der saftigen Samensäcke jenes Feigenbaumes, Ficus carica, den wir nicht im Zimmer halten können, noch weniger im Garten, weil er den mitteleuropäischen Winter nur in geschützten Lagen am Oberrhein übersteht.

In den überwärmten Wohnungen haben die Gummibäume die

Rolle der einst beliebten, aber empfindlichen Zimmerlinde übernommen. Unsere Birkenfeige wächst im Wüstenklima der Zentralheizung so ungestüm wie im Urwald ihrer tropischen Heimat. Wenn sie nur ein Minimum an Zuwendung hat, außerdem genügend Wasser und Licht, Licht vor allem, und – nicht als Bedingung, aber förderlich – in trockenen Zeiten den erfrischenden Nebel aus der Blumenspritze, gelegentlich auch eine Entstaubung unter den harten Strahlen der Dusche, solange sie dort noch Platz findet. Der Birkenfeige reiferen Alters, die trotz ihres Gewichtes in den Sommerregen hinausgetragen wird, damit sie sich in den weichen Tränen des Himmels bade, wird jener Liebesbeweis zuteil, auf den sie nach all unseren Vorreden Anspruch hat.

Warum überlassen wir den großblättrigen Gummibaum, Ficus elastica, den Fernsehhaushalten und sind von der benjamina so hingerissen? Es ist das Frühlingshafte an ihr, das uns den Kopf verdreht, der birkenartige Wuchs mit den sich neigenden Zweigen, das Mädchenhafte, das noch aus der Matrone lächelt, es ist das locker sich Breitende, im leisen Lufthauch Erzitternde, das dem, der hinsieht, das Herz verwundet.

Den Lufthauch allerdings mag sie nicht, sofern es der trockene Zugwind an der sommers offenen Balkontür ist. Die sanfteste Brise bringt ihr die Spinnmilben oder gar die klebrig tropfenden Schildläuse. Wenn schon Wind, dann soll es Regenwind sein oder die schwere Luft der Nacht. Aus Platznot haben wir im vergangenen Frühsommer zwei großgewordene Bäume ins Freie gestellt. Einer fand sich im Halbschatten unterm hohen Ahorn des Nachbarn und war es zufrieden. Der andere hatte Sonne vom Mittag bis zum Abend; binnen zweier Tage verbrannte der obere Schirm seines Blätterdachs zu Pergament. In den Schatten gerettet, wuchs ihm bis zum Herbst so viel neues Grün ins verkahlte Haupt, daß er, nun wirklich zu groß für die Rückkehr ins Haus, im Frachtraum eines Siebentonners nach Nürnberg umziehen mußte, nicht in eine Schalterhalle, sondern ins lichte Gehäuse einer Pinselfabrik.

Das ist das Problem. Ist die Birkenfeige unter unseren Augen groß geworden und ans Herz gewachsen, muß sie entweder brutal beschnitten werden, oder wir müssen sie in fremde Hände geben. Trotzdem wächst wieder ein Ableger heran. In jenem dreizehnten Kapitel des Korintherbriefes schreibt der Apostel: »Die Liebe höret nimmer auf.«

Die Lampionblume

Wenn es wahr ist, daß ich in deinem Herzen eingeschlossen bin, so können deine Augen mich ja nicht sehen«, klagt Poppea, die Titelheldin in der schönsten aller Opern, dem Alterswerk von Claudio Monteverdi. Welch ein Drama! Und zu welchem Ende! Die Liebe triumphiert über die Tugend. Eine herbstliche Musik, doch keine ersterbende, sie ist aufs beste ausgereift; mit starkem Knospenbesatz, würde der Gärtner sagen. Der Frühlingsjubel ist schon heftig dabei, nicht als Oberstimme, sondern als Grundstimmung, nicht als Erinnerung, sondern als Erwartung, nicht erhofft, sondern gewiß. Denn der Geliebte entgegnet, Poppeas Worte aufnehmend: »Du bist mein Herz und mein Licht – e luce mia!«

Das Licht des Frühlings, in der Leuchtkraft des Herbstes läßt es sich schon ahnen. Die Lichter des Frühlings, im Herbst kräftigen sie sich zur tieferen Glut.

Der Herbst glüht auf dreierlei Weise. Da sind die letzten, die beständigsten Blüten des Jahres; da sind die Farbspiele des vergehenden Laubes; da sind aber auch solch späte Früchte wie die plötzlich sich rötenden Samenbehälter der Lampionblume, Physalis alkekengi. Die erst grünen, dann orangeroten Fruchthüllen, diese Lampions, die sich aus dem Blütenkelch entwickeln, der zum Ballon anschwillt, sind vier bis sieben Zentimeter lang. Und beinahe ebenso dick. Sie bergen je eine dunkelrote, kugelige Beere, die gut schmeckt, himbeersüß ist sie. Auf den Dessert-Tellern ambitionierter Restaurants hat sie sich einen festen Platz erobert, nackt oder im Zuckermantel.

Geblüht hat die Lampionblume schon Ende August. Wir haben es nicht bemerkt, weil die weißlichen Blüten unansehnlich in den Blattwinkeln sitzen und weil das kleine, aber bald nach allen Seiten ausschwärmende Heer der Lampionblumen hinter den Johannisbeeren am Hügel zum Nachbarzaun einquartiert ist. Erst zum Septemberende zieht der abseitige Hang die Aufmerksamkeit auf sich. An einem trockenen Oktobertag haben wir dann einen Teil dieses Lampionwalds ins Haus geholt. Nun leuchtet sein raschelndes Feuer ausdauernd durch die Verdunkelungen des Winters, rettet die Gartenwärme durch die frostige Jahreszeit.

Die meterhohen Rispen wurden locker in einer bauchigen Bodenvase trockengestellt. Soll die Judenkirsche, so heißt die Lampionblume auch, in Gestecke oder Trockensträuche eingebaut werden, hält man sich aber an die Empfehlung von Marianne Beuchert. In ihren »Sträußen aus meinem Garten« (Eugen Ulmer, Stuttgart) rät sie, die Blätter zu entfernen und je fünf Rispen kopfunter hängend zu trocknen. Und sie rät vor allem, zwischen mancherlei professionellen Tips, keine andere Sorte als »Gigantea« zu verwenden. Wieder andere Einzelheiten der Lampionwissenschaft finden sich in dem Spezialwerk »Trockenblumen« von Erna Herr und Peter Menzel, ebenfalls bei Ulmer: Eingedrückte Lampions lassen sich durch das kleine Loch an der Spitze wieder aufblasen. Lampions, die über den Winter draußen geblieben sind, magern zu durchsichtigen Gebilden, deren Gewebe zwischen den Nervensträngen verschwunden ist, feine Filigrangestalten, die sich vergolden oder versilbern lassen – Material für jedwede Art von Floristenkunst.

Die Lampionblume ist altmodisch. Sie war sehr in Mode und ist jetzt mit wiederum modischen Vorurteilen belastet. Sie gehörte wie die Pfauenfeder so unbedingt in den Plüsch-Salon der Großmütter und Großtanten, daß mancher heute noch gegen die schuldlose Blume einen Widerwillen hat. Den wollen wir lösen. Immer wieder muß das Gartenwesen entkrampft werden, sonst geht zu viel verloren in den Wellen des Zeitgeists. Der unruhige Gärtner schwimmt gegen den Strom. Aber wie? Er stellt den Liegestuhl in die Herbstsonne und liest ein paar Seiten in den Büchern der Alten.

Memento te esse florem! Gedenke, daß du eine Blume bist! So ermahnten einander vor drei Jahrhunderten die gelehrten Schäfer und Schäferinnen unter den Lauben und hinter den Hecken ihrer feudalen Barockgärten oder pastoralen Wiesenwinkel. Du bist die Anemone, du eine Rose, du bist das Stiefmütterchen, du die Lilie. Ich könnte die Lampionblume sein, in der Jugend nichtsnutzig, spät erleuchtet, im Alter eroberungssüchtig. (»Sich selber richtig zu vergleichen, ist das Geheimnis des inneren Glücks«, schreibt in unserem Jahrhundert Rudolf Borchardt, der leidenschaftliche Gärtner und Blumenpfleger.) Eroberungssüchtig? Ja, die Lampionblume ist kein Eremit und kein Solist. Nicht, daß sie gesellig wäre. Nein, sie will ganz bei sich sein, nur unter ihresgleichen, will in Massen blühen, fruchten, Samen schleudern, Wurzelausläufer nachrücken lassen. Sie will den Wald bilden, alles andere Kraut und Gewächs unterlaufen und überwuchern, verdrängen. Ihr dabei zusehen, aber nicht zu lang, schließlich eingreifen, dämmend, ordnend, rettend, oder auch nicht eingreifen, die wandernde Welle sich selber brechen lassen – das ist die Gartenlust.

Das ist der praktische Teil. Die andere Seite ist das Betrachten, das Gewahrwerden. Eine Blume, und sei es dieser spät errötende Alkekengi, kann ein Pfand sein, verschwiegener Trost Sehnsüchtiger. Wer es nicht selbst merkt, darf sich von Rudolf Borchardt sagen lassen, daß die Gebärden und Haltungen der Blumen, das Aufrechtsein und Sichneigen, das Sichverstecken und Enthüllen, Sichschmiegen und Trotzen – daß sie in sich wiederholen, wenn auch um vieles leichter, seelenhaft, was wir geliebt haben, vielleicht gerade lieben: ein verhaltenes Lächeln, die Schmerzenslinie vergötterter Hände oder des wunderbaren Fußes, ein Zucken um den niegeküßten Mund.

Die Lampionblume ist ein Nachtschattengewächs für Tagträumer. Im Lehrbuch der geheimen Blumensprache wird ihre Botschaft entschlüsselt: Dein Blick durchbohrt mein Herz. So klang damals auch einer von den Seufzern der erzitternden Poppea. Und so lautet immer wieder die Anklage, die gegen jede Poppea zu erheben ist: Dein Anblick macht mir Weh. Fragt sich der leidenschaftliche, aber nachdenkliche Gärtner vor seiner Lampionblume jedoch allen Ernstes, was er empfindet, so muß er erkennen, das Gegenteil ist wahr: Dein Anblick stimmt mich froh.

Pinien im Schnee

Weihnachten ist schön. Sagt der Senn im Wallis am Heiligen Abend ins Rotweinglas hinein. Ha ja, seufzt sein Gegenüber nach geraumer Weile. Und fügt nach einer glücklichen Stunde des Schweigens mit einem noch tieferen Seufzer hinzu: Eine Liebesnacht ist auch schön. Auf dieses kühne Bekenntnis hin bleiben beide wieder lange stumm. Bis der andere nach einem bedächtigen Schluck triumphierend sagt: Aber Weihnachten ist öfter!

Ob er recht hat, muß hier nicht untersucht werden; es ist eine innerschweizerische Angelegenheit. Sofern die Irritation der beiden Rotweintrinker nicht überhaupt auf einem Irrtum beruht. Ist nicht Weihnachten selber das Fest der Liebe? Und sind nicht die Zapfen, die von unschuldigen Händen ohne alle Nebengedanken als Christbaumschmuck verwendet werden, seit unvordenklichen Zeiten Symbole der Fruchtbarkeit? Beim Tannenzapfen macht es allein die Form; der eher rundliche Pinienzapfen überzeugt durch die Menge seiner starken Samen. Hundert köstliche Pinienkerne verbergen sich oft in einer einzigen Frucht.

Man kann die Kerne essen, zum Beispiel in Butter geröstet auf Blattspinat zum Lammkotelett. Man kann sie auch in die Erde stekken. Nach einem Elba-Urlaub haben wir vier Blumentöpfe aufs Fensterbrett gestellt und vier Pinoli, vier Piniennüsse, hineingesetzt. Neugierhalber, ohne die Folgen zu bedenken. Jetzt sind die jungen Pinien sieben Jahre alt. Während des vergangenen Sommers sind sie beunruhigend mächtig geworden. Zum erstenmal blieb der Neutrieb nicht bläulich kurznadelig, sondern buschte sich dunkelgrün mit Nadeln, die plötzlich vierzehn Zentimeter messen.

Unsere Pinien sind erwachsen geworden. Wie schön! Und wie schrecklich: Sie werden im nächsten Jahr nicht noch einmal vor der Balkontür im Schlafzimmer überwintern können, der Schrank ist jetzt schon blockiert, das Doppelbett nur noch von einer Seite erreichbar. Aber wo denn sonst? Sie brauchen viel Licht, sie wollen es kühl, aber scheuen die Kälte. Die Fachliteratur sagt: Nördlich der Alpen überstehen Pinien den Winter nicht, zehn Grad Frost bringen ihnen den Tod. Schön wäre es, wir könnten ihnen einen Wintergarten bauen. Aber unsereins gewinnt nicht im Lotto, und auch dann wären dem Wachstum bald wieder Grenzen gesetzt. Pinien werden zwanzig Meter hoch. Solange man ihnen nicht mit den Folterwerkzeugen der Bonsaitechnik zu Leibe rückt.

Seit einigen Wochen haben wir nicht nur Unterbringungssorgen. Christian Seiffert und Richard Keller schreiben in ihrer unerschöpflichen »Düngerfibel für den Garten« nämlich so nebenbei unter dem Rubrum Symbiose: »Die Abhängigkeit der Bäume von Pilzen ist oft

groß. Pinien zum Beispiel verkümmern und verhungern schließlich, wenn sie beim Einpflanzen nicht eine Schaufel voll Erde aus einem Pinienwald erhalten, der die entsprechenden Pinienpilze enthält.« Also werden wir im Frühjahr nach Italien fahren und aus einer ligurischen oder toskanischen Pineta einen Sack Erde scharren. Warum die Mühe um einen Baum, der für unser Klima nicht taugt? Genügt es nicht, daß rundum in der Nachbarschaft österreichische Schwarzkiefern stehen, eine schöner als die andere? Genügt es nicht, daß japanische Kiefern im eigenen Garten den Luftraum sich zu erobern beginnen? Genügt es nicht, daß der heimischen Föhre, Pinus silvestris, die für sich allein auch schon eine Augenweide ist, noch beinahe hundert andere Kiefernarten zur Seite stehen?

Nein. Es ist das widervernünftige Verlangen nach einem mediterranen Erinnerungsstück, da sich nun mal das toskanische Licht nicht nach Hause tragen läßt. Was anderen die dunkle Silhouette der Zypresse oder das Flirren der Ölbäume, das ist uns die warme Helligkeit in der breiten Krone der Pinien, die einen Bauernhof beschatten, eine Allee begleiten oder im lockeren Zug auf einem Hügelkamm den Horizont beschirmen.

Junge Pinien tragen noch eine kugelige Krone. Mit dreißig Jahren erst fangen sie an, jene großen Zapfen zu treiben, die von Assyrern und Ägyptern als Zeichen der Kraft und des Lebens in Marmor und Bronze nachgebildet wurden. Seinen typischen Habitus nimmt der Baum erst nach vielen Jahrzehnten an. Ob der Schirm dazu dient, nachts möglichst viel Tau einzufangen, wie manche meinen, oder am Tag möglichst viel Licht – wer weiß es?

Wegen der ungewöhnlichen Weise, in der sich die Äste der Sonne entgegenbreiten, heißt die Pinie, der Linné den Namen Pinus pinea gab, in Frankreich Pin parasol. Die Italiener sagen Pino domestico, was darauf deutet, daß der Baum mit Bedacht kultiviert wurde. Die Pinie kam wohl, wie alle Kultur, aus Asien und ist seit mindestens zweitausend Jahren am nördlichen Saum des Mittelmeers vom Bosporus bis Portugal heimisch, später wurde sie auch in den milderen Regionen Frankreichs und der britischen Inseln angepflanzt. In England heißt sie stone pine. Dennoch bleibt die Pinie der Mittelmeerbaum schlechthin, unser Baum der Sehnsucht. Und muß es nun doch nicht bleiben! Beim Spaziergang durch den Frankfurter Palmengarten stoßen wir am Seerosenteich auf eine Pinie. Sie steht im Freien. Fünf Meter hoch. Ein Schild beseitigt alle Zweifel! Pinus pinea. Und dann vor der Südfront des Gesellschaftshauses eine ganze Reihe von Pinien. Die haben schon elf deutsche Winter überstanden. Und nur der Temperatursturz in der Neujahrsnacht 78/79 hat den Bäumen geschadet, sagt der Gartenmeister, fast alle Nadeln starben ab. Doch im Frühjahr trieben sie wieder aus, als sei nichts gewesen. Heute sieht man ihnen nichts anderes an als Gesundheit. Die Frankfurter Pinien haben zwar einen besonders geschützten Platz mitten in der Stadt, doch sie werden weder vor starkem Frost bewahrt noch vor der gefährlichen Spätwintersonne, dafür sind sie schon viel zu groß. Das heißt uns hoffen. Wir werden unseren kleinen Pinienhain im nächsten Jahr nicht mehr ins Schlafzimmer zwängen. – Nachschrift. Sieben Jahre später. Drei Pinien stehen auf der Rasenzunge vor der Terrasse. Sie sind uns längst über den Kopf gewachsen.

Träume von der gläsernen Orangerie

Hundert Gramm Zucker hellbraun karamelisieren lassen. Mit einem halben Liter frischgepreßtem Orangensaft löschen (Vorsicht, spritzt!) und auf zwei Drittel einkochen; etwas Kartoffelstärke zum Abbinden, dann eine gute Portion Cointreau zugeben und auskühlen lassen.

Was ist das? Der Trost des Gärtners in der Küche. Die Orangerie im alten Stil können wir uns nicht leisten, allenfalls ein Apfelsinenbäumchen, Citrus sinensis. Frische Orangen haben wir dennoch leichter zur Hand als vormals die Gartendirektoren und Küchenchefs des Markgrafen zu Ansbach oder des Barons von Münchhausen zu Schwöbber bei Hameln. Und zudem haben wir für die gar nicht mehr exotischen, nun jedoch wirklich fürstlichen Genüsse zum Beispiel Witzigmanns »Kulinarische Kreationen« (Heyne-Verlag) mit dem dort ausführlichen Rezept der Orangensauce zur Mousse von weißer und brauner Schokolade.

Die orangene Sauce und den Schokoladenschaum kann jeder in seiner kleinen Küche nachvollziehen, wenn er nur weiß, daß zum Erfolg neben der ernstlichen Bemühung erstklassige Produkte und das richtige Handwerkszeug gehören, in diesem Fall die kupferne Stielkasserolle. Der Koch hat es besser als der Gärtner: Das Kupfergeschirr ist teuer, das gute sogar sehr teuer. Aber es schmückt. Gibt es ein Gewächshaus für die Orangen, Limonen, Feigen oder Oleander, das den Garten ziert? Gewächshäuser muß man verstecken. Verkupfert sähe so ein Ding erträglicher aus, es wäre allerdings kaum bezahlbar. Die gängigen Aluminiumhütten und verzinkten Stahlgerippe sind teuer genug. Nein, sie sind durchaus erschwinglich, auch noch in der Luxusausführung, dunkel eloxiert. Streicht man das Aluminiumgehäuse weiß oder grün oder gar rot, macht es gleich mehr her, besonders beim sechseckigen Pavillon. Der kann in manchem Garten dann sogar einen starken Akzent setzen. Doch als Anzuchtkrippe für die Hundertschaften von Sommerblumen oder als Treibhaus für die Früchte des Südens oder als Winterquartier für Kübelpflanzen sind solche Pavillons nicht gedacht. Von außen sind sie schön, innen ist es allerdings recht eng.

Der wahre Luxus wäre der Selbstbau aus Holz. Das fügt sich besser in die Natur, aber es ist klobig und nicht so praktisch wie die aus-

geklügelten Konstruktionen aus Metall. Über den Prospekten von Kuno Krieger und den anderen Herstellern von Pflanzenunterkünften gerät der Orangenfreund weniger ins Träumen als ins Staunen über alle die nützliche Technik. Am Ende steht die Qual der Wahl, wenn nicht noch einmal die Frage: Soll ich oder soll ich nicht? Und: Wenn schon, denn schon? Jedes Gewächshaus ist am Ende zu klein.

Unsere Voreltern kannten solche Sorgen nicht. Da war dergleichen allein eine Frage des Stands und des Vermögens. Der Adel vermochte, der Fürstbischof, die Kaufmannschaft. Das Großbürgertum im vergangenen Jahrhundert hatte zwar nicht den Park für die große Orangerie oder den kleinen Kristallpalast, jedoch immerhin Platz für einen Wintergarten, der die Wohnung erweiterte. Im Wintergarten nahm man den Tee. Im Wintergarten, im Dschungel hinter der Bananenstaude, fand die Tochter des Hauses den schicklichen Ort für den ersten Kuß. Dann ließen zwei Kriege, Wirtschaftskrise und Wirtschaftswunder den Wintergarten verkümmern, verschwinden. Nun stehen wir wieder am Anfang. Jetzt gilt der Satz von 1852 aufs neue, »daß ein halbwegs bedeutender Garten eines Glashauses nicht ermangeln kann«. Er findet sich in einem Buch, das nach dem verregneten Tomatensommer und den Frostschäden des Winters mit anderen Augen studiert wird: »Glashäuser aller Art. Grundsätze und Erfahrungen über die Anlegung, Erhaltung und Pflege. Für Kunstgärtner, Gartenfreunde und Architecten« (Reprint im Bauverlag, Wiesbaden). Altmodisch in der Sprache und der dargestellten Technik, jedoch mitreißend und wahr. Das Buch ist voll von Orchideenlüsten, Ananas- und Schmetterlingsphantasien, es verströmt den schweren Duft der Tropen, es steckt aber voll Gartenklugheit und Leidenschaft.

Wer da blätternd und lesend kalt bleibt, wird auch mit dem »Biologischen Gartenbau unter Glas und Folie« von Wendt/Hildebrandt (Südwest-Verlag, München) nicht warm. Der muß sich mit dem Frühbeet begnügen, weil er mangels Begeisterung die Überzeugungsarbeit bei der Ehefrau nicht zu leisten vermag. Sie muß mitziehen bei der Investition in Lebenslust, sonst bleibt es eine halbe Sache. Sie sorgt sich in der Regel nicht so sehr wegen der Kosten – für das neue Auto wird ja alle paar Jahre der doppelte und dreifache Betrag geopfert, trotz des rapiden Wertverlusts. Das Hauptargument der Nachbarin gegen die Glashauspläne des Mannes lautet, sie habe keine Zeit, sich auch noch um ein Gewächshaus zu kümmern. Hat man keine Zeit, so wird man sie sich nehmen! Nein, solche Sprüche verfangen nicht. Und hätte der Gatte den nächsten Vorbereitungsschritt schon getan und etwa beim Studium von Fritz Enckes »Kübelpflanzen, Geschichte, Herkunft, Pflege« (Ulmer-Verlag, Stuttgart) und Karlheinz Rückers Kompendium »Die Pflanzen im Haus« (ebenfalls bei Ulmer) entdeckt, daß statistisch gerechnet nur zehn bis zwanzig Minuten pro Tag fürs Gewächshaus aufzuwenden sind – es hülfe ihm nicht. Sofort käme die Frage: Wann, außer im Urlaub vielleicht, bist du denn so frei, daß das Gewächshaus mit deiner Aufmerksamkeit rechnen kann? Und die bedenkliche Hausfrau würde ihm das entsprechende Kapitel im »Wisley-Gartenbuch« unter die Nase halten: »Ein leeres Gartenhaus ist ein trostloser Anblick.«

Drum prüfe, wer sich ewig bindet! Wohlfeil sind sie nicht, die Träume unter Glas. Und wenn sie köstlich sein sollen, so sind sie mit Mühe und Arbeit verbunden. Wer im Grünen träumen will, muß es ernstlich wollen – hat er auch nur ein Dutzend Tomaten oder Melonen im Sinn und will den Baron von Münchhausen gar nicht übertreffen, der um 1716 in seiner Orangerie hunderteinundsiebzig Zitronenstämme und neunundvierzig Orangenbäumchen zugleich blühen und fruchten ließ. Wahrscheinlich standen damals Pomeranzen beim Herrn von Münchhausen, die indischen Sauerorangen, die mit den Arabern über Nordafrika und Spanien nach Europa gekommen waren. Die Engländer machen noch heute ihre bitterliche Orangenmarmelade aus der Pomeranze. Wir denken, wenn wir vom Glashaus träumen, nicht an saure Pomeranzen, nicht an süße Mandarinen, an Kumquats oder Blutorangen. Die können wir ja kaufen in befriedigender Qualität. Was uns fehlt, ist die reife Zitrone, die am Baum gelb wurde und noch eine Weile hängen durfte. Allein mit zwei Zitronen die Woche, von denen jede schmeckt, als sei sie gerade in Zypern selbst gepflückt, also mit hundert unvergleichlichen Zitronen im Jahr wäre doch jeglicher gläserne Aufwand belohnt!

Der Bambus lacht

Auf eine Mahlzeit kann man verzichten, aber ein Haus muß Bambus haben. Fehlt es an Essen und Trinken, werden wir dünn. Doch ohne Bambus verlieren wir die heitere Gelassenheit.« So sagen die Chinesen. Bei uns muß der Satz (den wir in Marianne Beucherts unerschöpflichem Buch »Die Gärten Chinas« fanden) andersherum lauten: Die heitere Gelassenheit gewönnen wir gern, vielleicht kann uns der Bambus helfen.

Ach, wären wir ihm doch früher begegnet! Wie anders sähe der Garten aus. Und wie anders wären wir geworden unter seinem Einfluß. Statt dessen sitzen wir gefangen hinter Fichten, Taxus und Feuerdorn. Nicht mehr lang. Demnächst sagen wir (mit blutenden Fingern) als erstem dem Feuerdorn für immer adieu. Er darf Platz machen für eine Hecke von Phyllostachys aurea; das ist ein Bambus mittlerer Höhe, in unseren Verhältnissen wird er vier bis fünf Meter hoch. Das genügt. Als Sichtschutz. Als Augenweide. Als Unterschlupf für die Vögel. Daß sich Vögel im fast immer bewegten, schwingenden, raschelnden Bambus wohlfühlen, glaubten wir nicht, hätten wir es in Prafrance nicht erlebt.

Prafrance ist unser Damaskus, der Ort der Bekehrung, der Erleuch-

tung: die Bambouseraie de Prafrance, eine halbe Autostunde nordwestlich von Nîmes. Ein märchenhafter Anblick, eine märchenhafte Geschichte. Mitte des vergangenen Jahrhunderts reist ein französischer Kaufmann nach China, die Seidenraupenzucht zu studieren. Er kommt mit Bambus zurück. Er legt für die in Europa noch kaum bekannten Pflanzen einen privaten botanischen Garten an, er beschäftigt vierzig Gärtner. Und geht bankrott. Aber seine Hinterlassenschaft, die Bambouseraie, ist heute fast so etwas wie ein Weltwunder, jedenfalls ein Wallfahrtsort.

Einmal im Leben muß man dort gewesen und durch die Bambus-Allee gegangen sein, in der die Dschungel-Szenen des Dynamit-Thrillers »Lohn der Angst« gedreht wurden. Sie führt zu einem Wald von vierundzwanzig Meter hohen Gräsern, deren Halme am Fuß sechzig Zentimeter Umfang haben. Phyllostachys pubescens heißen diese Riesen. Man meide die Ferienzeit im Sommer, weil dann auch die Besucherzahlen Rekordhöhen erreichen. Am schönsten ist es im Mai. Da brechen die Bambus-Schößlinge aus dem Boden und wachsen binnen weniger Wochen gen Himmel.

Die neuen Triebe schießen mit blattlosen Schäften wie die Spargel hervor. Während der Halm seiner im Sommer zuvor programmierten Höhe zustrebt, lösen sich Seitentriebe vom Stengel, die wieder feineres Geäst auswerfen, das sich sofort belaubt. In den folgenden Jahren wird der Stamm weder dicker noch höher, nur die Blätter werden mehr. Ist das Wachstum beendet, wird im Wurzelgrund in den neuen Teilen des Rhizomgeflechts die Kraft eingelagert für die nächste Generation von wiederum höher hinaufschießenden Rohren. Die sind meist dunkelgrün, verfärben sich bei manchen Arten mit der Zeit goldgelb (Ph. aurea) oder schwarz (nigra), sie sind gefleckt (nigra Boryana) oder gestreift (bambusoides Castilloni), sind geradschäftig oder verwinkelt oder verknotet. Die Bambusbotanik ist eine Wissenschaft, die sich außerhalb der chinesischen Grenzen gerade erst etabliert. Immerhin gibt es schon ein sehr schönes deutsches Buch von Christine Recht: »Bambus« (Ulmer-Verlag). Der Bambus kommt in Mode. Daß aber demnächst in den Vorgärten anstelle der Koniferenlangeweile überall die Bambusfahnen wehen, ist nicht zu befürchten. Der Bambus sucht sich seine Leute.

Einer von ihnen ist Wolfgang Eberts in Baden-Baden. Vor zehn Jahren, sagt er lachend, hätte er Bambus noch nicht buchstabieren können. Heute nennt er seine Baumschule »Bambuszentrum Deutschland«. Nicht zu Unrecht. Er hat fünfzig Arten und Sorten Bambus im Angebot. Seine farbige Bambusbroschüre zeigt, was es alles gibt, und vermittelt Grundkenntnisse. Bambus ist, entgegen landläufiger Meinung, keine Sumpfpflanze. Am Wasser sieht Bambus zwar gut aus, aber nasse Füße wären tödlich. Wer schweren Boden hat, muß Kies und Sand unten ins Pflanzloch füllen, damit überschüssige Feuchtigkeit abziehen kann. Bambus verträgt Trockenheit. Soll er aber gut dastehen, muß in regenarmen Zeiten dem dicht an der Oberfläche liegenden Rhizomgeflecht fleißig Wasser gegeben werden. Bambus bildet in unserem Klima meist nur Horste, die sich kaum oder viel langsamer ausbreiten als erwartet. Nur die niedrigen Sasa-Arten wuchern wie die Quecken.

Vor allem braucht der Bambus Licht und Wärme. Deswegen wächst er in Südchina höher als bei uns. Und in Heidelberg stattlicher als an der Nordsee oder in Oberbayern. Die Sommerwärme entscheidet über Wohl und Wehe, nicht so sehr der Frost im Winter. Im extremen Januar 1985 sind uns zwar die erst im Jahr zuvor gepflanzte Phyllostachys nigra und eine propinqua erfroren, aber nur oberirdisch. Im Mai trieben beide wieder übermannshoch aus, als sei nichts gewesen. Den harten Februar 1986 überstanden sie ohne Schaden. Bambus fürchtet den deutschen Winter nicht. Allenfalls leidet er, wie alle Immergrünen, unter dem Ostwind und der Februarsonne. Am meisten bremst ihn ein kalter Juni.

Im Weinbauklima gedeiht der Bambus natürlich besser als anderswo. Doch Bilder von stattlichen Bambushainen in Dänemark und in der Schweiz, in Hamburg, München und Salzburg sollten uns Mut machen. Ein Haus muß Bambus haben. Denn der Bambus lacht. (Die Chinesen benutzen für Bambus und Lachen ein und dasselbe Wort.) Der Bambus lacht, wenn der Wind die Halme beugt. Er lacht, wenn ihn der Schnee zu Boden drückt. Lachend richtet er sich wieder auf, sobald die Last abgeworfen ist: Bambus verkörpert die Ausdauer und die Fähigkeit nachzugeben, die unsereinem so sehr fehlt.

Warum wir die Amseln füttern

Vöglein, das so gerne singt, / Warum schweigt es? / Herz, was ist mit dir geschehen, / Daß du traurig?« Das ist ein russisches Lied, von Anton Delwig. Fast so russisch wie der Winter, der auch dem Gärtner das Stillesein verordnet. Nicht jeder Winter ist russisch. So mancher Winter verdient den Namen nicht. Der englische ist bloß die feuchtkalte Pause zwischen zwei feuchtkühlen Sommern. Der deutsche ist wechselhaft, unzuverlässig; oft zieht er sich ganz nach Reit im Winkl zurück. In den Mittelgebirgen veranstalten dann die Fremdenverkehrsämter für die verhinderten Skiurlauber Wanderungen und Bastelkurse. Im Flachland fehlt der Schnee aber viel mehr; die Gärten entraten der weißen Decke. Nackt und grau und schmuddelig faulen Beete und Rabatten vor sich hin.

Und die Amseln machen sich unbeliebt. Sie zerren das unter die Sträucher gefegte Laub wieder auf den Rasen zurück, legen mühsam eingepackte Rosenstöcke frei, reißen die Veilchen aus ihrer Verankerung, zerfleddern, was ihnen vor den Schnabel kommt. Da wäre uns der schützende Schnee schon recht. Wir könnten dann auch

halbwegs guten Gewissens tun, was wir doch nicht lassen: wir könnten füttern. Grobe Haferflocken, in Sonnenblumenöl leicht angeröstet. Das lockt sie alle. Sofort sitzen drei Meisen gesellig am Brett, das Rotkehlchen wartet drüben am Holzstock, daß der Tisch frei wird; ist er frei, so macht der ängstliche Einzelgänger erst noch drei Kniebeugen, bevor er den Anflug wagt – und muß noch vor dem Futterhaus wieder abdrehen, weil die erste Amsel naht, Hausbesetzer spielen: Da werden aber nicht nur die Kleineren vertrieben, der Futterneid wendet sich auch flügelschlagend gegen jeden Artgenossen. Die Amsel erweist sich nicht erst im Winter als ein schwieriger Vogel. Sie ist kein Vögelchen zum Gernhaben. Ist sie nicht überhaupt zu plump, zu schwarz, zu selbstbewußt? So gar nicht zutraulich. Und dieses geschäftige Hüpfen auf beiden Beinen zugleich! Dieses geduckte und doch ungenierte Jetzt-komme-Ich! Wie anders die stolzierenden Stare, wie anders die akrobatischen Meisen, die bescheidenen Finken, das Rotkehlchen, der flinke Kleiber, die scheue Heckenbraunelle, der Zeisig, Gimpel, Kernbeißer, alle die Gerngesehenen, denen die Amseln zeternd das Futter streitig machen!

Es ist schon ein Kunststück, die Amsel zu lieben. Ist sie denn liebenswert, diese Schwarzdrossel? Bewunderungswürdig ist sie. Wie sie, die vom Lande kommt, die aus dem Wald stammt, sich in der Stadt zurechtfindet! Wie sie dem Menschen in die ärmsten Vorgärten und Hinterhöfe folgt! Früher gab es überall Spatzen. Heute sieht man die Spatzen vor lauter Amseln nicht. Die Amsel ist zur Landplage geworden, vor allem in der Stadt. Das ist das Fürchterliche, daß wir es im kleinsten Garten nicht mit einer Amsel allein zu tun haben, sondern immer gleich mit einer Amselschar. Nein, nicht mit einer Schar, sondern mit heftig konkurrierenden Individuen, die einander unentwegt auf Distanz zu halten suchen – und zwar nicht nur die rabenschwarzen Amselhähne mit den gelben Schnäbeln, die Revierbesitzer; die dunkelbraunen, schwarzschnäbeligen Weibchen gebärden sich nicht weniger aggressiv. Amseln sind wie deutsche Touristen im Ausland: Sie erscheinen massenhaft, aber ein jeder ist verbittert über die Anwesenheit der anderen.

Die Amsel beweist schwarz auf weiß, daß es Winter ist. Aber sie ist der Frühlingsvogel: Im März fängt sie schon an zu singen. Sie macht auch den Sommer, zumindest akustisch. Sie muß uns die Nachtigall ersetzen, die seit Jahren ausgeblieben ist. Und sie kann es. Sie läßt auch ihre schönere Schwester vergessen, die Singdrossel. Diese gefleckte, schlanke Drossel gibt zwar starke Liederabende vom jeweils höchsten Wipfel herunter, aber es ist kein Verlaß auf den Auftritt der Sängerin. Eine Amsel ist immer da. Heute singt sie so und so und wiederholt sich nicht, morgen hat sie schon wieder etwas dazugelernt. Das pfeift und trillert und flötet bis in den Juli, am frühen Morgen und vor Sonnenuntergang noch mal.

»Man muß ein jegliches Wesen nach seinem Besten beurteilen«, fordert Sigismund von Radecki in einem feuilletonistischen Versuch über die Amseln, »denn wo kämen wir sonst hin?« Die Amsel singt nicht nur, sie spricht. Wer ihr demnächst wieder nachhorcht, morgens um vier zwischen Träumen und Wachen, mag sich selber hören. So möchte man reden oder schreiben können, in solch perlenden Girlanden und triftigen Trillern!

Eigentlich sollten hier Für und Wider der Vogelfütterung erörtert werden. Aber gibt es denn ein Für? Füttern ist wider die Natur. Nicht nur überflüssig, sondern schädlich, oft tödlich. Wahrscheinlich sterben mehr gesunde Vögel durch unbedachtes Futterstreuen, als schwache Genossen durch den Winter gerettet werden. Fast jeder Futterplatz ist falsch angelegt. Und wenn er gegen Nässe geschützt ist, so vielleicht nicht gegen Katzen. Und wenn das richtige Futter ausgelegt wird, nicht etwa Brotkrumen, so bietet das Futterhaus viel zuviel Platz zum Hinundherhüpfen, zum Hockenbleiben, so daß sich bald Vogelfutter und Vogelkot mischen.

Freilich darf eine großzügige Futterstelle eingerichtet werden, aber dann muß auch, vor allem bei mildem Wetter, bei Salmonellengefahr, zweimal die Woche geputzt werden, mit Bürste und heißem Wasser. Und hernach ist der Tisch von neuem zu decken. Noch der Meisenknödel darf nicht einfach an einen Ast gehängt werden, in den Regen, er soll unter Dach sein oder sein eigenes Dach haben. Die nötige Wissenschaft vermitteln Taschenbücher wie »Vögel als Wintergäste« von Otto von Frisch (Gräfe und Unzer) oder, besonders anregend, jedoch sehr englisch: »Folg ich der Vögel wundervollen Flügen« von Roger Lovegrove und Peter Barrett (dtv). Derlei Bücher sind wichtiger als ein teures Futterhaus auf Birkenstämmchen. Auch Tierliebe will gelernt sein, sonst ist es nichts als die blanke Eigenliebe, die für die Vögel lebensgefährlich werden kann.

Robert Musil hat einer seiner rätselvollen Menschengeschichten als Titelfigur die Amsel gegeben, diesen schlimmen schwarzen Vogel, der so erweckend und verstörend singt, einen Vogel, der schließlich in der Morgendämmerung im offenen Fenster sitzt: »Ich bin deine Amsel, kennst du mich nicht?«

Wer war die Kameliendame

Leidenschaft ist immer unsittlich«, belehrt uns Adalbert Stifter, der ein Österreicher war, aber ein sehr deutscher. Ein Mann mit der Uhrkette überm Bauch, der den Nachsommer zu seiner Jahreszeit erhoben hat, beileibe nicht den Frühling. Denn der Frühling, der die Blüten öffnet und die Blusen, ist schlimmer als der samenschleudernde Herbst, er ist das eigentlich unsittliche Quartal. Im Frühling fängt alles an. Darum wird er so ungeduldig erwartet.

Hat er nicht schon begonnen? Draußen regen sich bald die kleinen,

kalten Schneeglöckchen, drinnen zeigen sich schon die großen weißen Blumen der Leidenschaft, die Kamelien. Freilich sind sie oft rot; rot wie Blut, rot wie die Liebe. Ach, selten leuchten sie noch sittsam weiß oder im satten Ton dunklerer Gefühle; seit Jahrhunderten sind die Züchter am Werk, die Naturverbesserer. Bevor wir über die Ergebnisse ihres Eifers lächeln oder lästern, über die vielen tausend gefleckten und gestreiften, geränderten oder gefransten Aufplusterungen in Lachsrosa oder Pink, wenden wir uns noch mal der unvermischten Liebe zu und einem besonders unsittlichen Fall von Leidenschaft. Das Mädchen heißt Marguerite, der junge Mann heißt Armand.

»Marguerite fehlte bei keiner Premiere.« Auf der Brüstung ihrer Parkettloge lagen dann stets ihr Opernglas, ein Beutel mit Näscherei und ein Strauß Kamelien. »Fünfundzwanzig Tage nacheinander waren es weiße Kamelien und fünf Tage lang rote. Niemand verstand«, so behauptet Armand Duval oder Alexandre Dumas, »warum die Farben auf diese Weise wechselten.«

Die Rede ist von Marguerite Gautier, der rührend hochherzigen Kokotte, die Dumas als die Kameliendame unsterblich machte. Dumas, der Sohn. (Vom Vater haben wir den Grafen von Monte Christo und die drei Musketiere.) Die Kameliendame ist kein Kind der Phantasie. Dumas hat sie zuerst im Roman 1848 und ein paar Jahre später fürs Theater nach dem Leben beschrieben. Alphonsine Plessis kam 1840 als kaum Sechzehnjährige vom Land in ein Schneideratelier nach Paris, liebte Liszt und hatte dann, neben anderen, auch eine Affäre mit dem jungen Dumas. 1847 wurde sie, im Alter von dreiundzwanzig Jahren, auf dem Friedhof von Montmartre begraben. Sie hat von der Liebe gelebt und ist an der Schwindsucht gestorben.

Auch die Kamelien, die marmornen ausgenommen, die ihren Grabstein deckten, auch die Kamelien sind empfindliche, oft zu frühem Tod verurteilte Geschöpfe. Die als winterhart ausgewiesenen Sorten überdauern in deutschen Gärten nicht jeden extremen Frost, nicht beliebig viele Temperatursprünge von Bitterkalt ins Vorfrühlingshafte. Wer sich auf die Kamelie kapriziert, muß wissen, daß er sich auf ein Verhältnis einläßt, dem einiges entgegensteht. Sonst mag es ihm gehen wie jenem Armand Duval: Am Anfang jubelt das Herz, doch bald wird die Sache schwierig.

Wo denn kann sich diese Liebe entfalten? Sollen wir die anspruchsvolle Schöne aus dem Osten in die Wohnung aufnehmen? Das geht gewiß schief, falls es da nicht ein ungeheiztes Nebenzimmer gibt und so hohe Luftfeuchte, daß es die Tapeten von den Wänden zöge. Ein kleingärtnerisches Gewächshaus oder ein großbürgerlicher Wintergarten wären der rechte Ort. Die Kamelie liebt das Licht, aber nicht die pralle Sonne, sie braucht das Gleichmaß der Temperatur. Plötzliche Erhitzungen mag sie nicht. Kühl will sie stehen und feucht, wie Azaleen und Rhododendren in schwach saurer Erde, kein Kalk im Boden, kein Kalk im Wasser.

Ist der Wintergarten immer noch nicht angebaut, muß das Risiko im Freien eingegangen werden, wenn es denn ein halbwegs geschützter Garten ist, nicht einer, durch den der Ostwind schon im Oktober pfeift. »Und sollte ich«, fragt Marianne Beuchert, die lächelnde Gärtnerin, »auf zehn Jahre des Glücks verzichten, nur weil ich weiß, daß im elften der Frost die Liebe tötet?« Er muß sie gar nicht töten, sofern wir unsere Kamelie richtig nähren und schützen. Ratschläge und eine Auswahl wintererprobter Pflanzen gibt es nicht in jeder Gärtnerei, aber die Baumschule Huben im badischen Ladenburg führt ein breites Sortiment, vor allem jedoch Peter Fischer in Wingst bei Cuxhaven, der siebzig Sorten anbietet, darunter ein gutes Dutzend, das im laubgefütterten Strohmantel auch über sibirische Perioden hinweggerettet werden kann.

Siebzig Kamelien im Katalog, das ist viel in unseren Tagen. (Die Dresdner Gärtnerei Seidel führte zu Zeiten der Kameliendame tausend Sorten.) Noch dankbarer sind wir dem norddeutschen Kameliengärtner dafür, daß er seine Erfahrungen in einem Buch von hundertzehn Seiten zusammengefaßt hat, dem ersten in deutscher Sprache (Peter Fischer: »Kamelien«, Verlag Fröhlich, Celle). Hier wird mit Vorurteilen aufgeräumt, auch mit dem, daß Züchter nur rosaroten Unsinn fabrizieren, die vermeintlichen Launen der Geliebten werden verständlich und die Familienverhältnisse überschaubar.

Ihren sanften Namen haben die Kamelien übrigens nicht von einer chinesischen Himmelstochter oder einer französischen Näherin, sondern von einem Herrn Kamel, Georg Joseph Kamel, Jesuit seines Zeichens, aus Brünn gebürtig, der zu Anfang des achtzehnten Jahrhunderts als Camellus weniger eine Missions- als eine Forschungsreise auf die Philippinen unternommen hatte und dann die Ernte seines zehnjährigen Botanisierens an Seeräuber verlor. Linné ehrte den betrogenen Pflanzensammler, indem er den bescheidenen Teestrauch und seine großblumigen Verwandten nach ihm benannte: Camellia sinensis, Camellia japonica und alle die anderen porzellanhäutigen Schönheiten.

Schön ist jede, die geliebt wird. Die Kamelie wird geliebt, weil sie so schön ist. Sie ist das scheue Objekt unserer wiedererwachten Begierde. Sie war die Favoritin eines vergangenen, großherzigen Jahrhunderts. Dann erfanden sich die Biedermeier die Schutzbehauptung: »Sehr seltene Blumen, wie schön sie auch sein mögen, sind nicht geeignet für den Garten, da Ungewöhnliches nur bei gewöhnlichen Leuten in Gunst steht.« Wir stehen zu unserer Gewöhnlichkeit und halten uns an ein anderes Wort aus jener Zeit. Der revolutionäre Gutzkow fordert, gegen den kleinmütigen Stifter: »Schämt euch der Leidenschaft nicht!«

China in deutschen Gärten

Voltaires Candide zieht sich aus dem Getümmel der besten aller Welten auf seine Meierei zurück, den Garten zu bestellen, bloß noch um den Kohl sich zu kümmern. Als Konrad Adenauer sich zurückzog, die Memoiren zu diktieren, hatte er außerdem noch den Garten in Rhöndorf, er hatte seine Rosen. Als sich Wang Hsien ch'en aus der Politik zurückzog, offenbar vorzeitig, stand ihm ein morastiger Ort zur Verfügung. Er ließ das Sumpfland trockenlegen, das Wasser begrenzen, Inseln schaffen, Brücken schlagen, Steine setzen, Bäume pflanzen, Zickzackwege anlegen und Hügel aufwerfen, die Anhöhe der fernen Gedanken zum Beispiel, er ließ Pavillons bauen und den Turm der Träume. Es war ein Garten des sechzehnten Jahrhunderts, ein Garten für Dichter.

Weil Herr Wang gesagt haben soll: »Diesen Garten habe ich zur Erinnerung an meine politischen Fehlschläge angelegt«, heißt der Park in Sutschou heute noch, obwohl viele Male umgestaltet und verkleinert, der »Garten des erfolglosen Politikers«. Heißt er wirklich so? Meint die Bezeichnung Cho cheng yüan nicht etwa doch: Garten der Politik des einfachen Mannes? Oder des ehrerbietigen Verwalters? Oder der törichten Beamten? In englischen und deutschen Büchern werden noch mehr Varianten angeboten, woran nicht ein Unvermögen der Übersetzer Schuld trägt, sondern die Vieldeutigkeit der chinesischen Sprache. Noch vieldeutiger, offen für manche Spekulation, sind die Gärten selber; voller Rätsel für Chinesen nach Mao, erst recht für Europäer.

Immerhin können wir die Rätsel jetzt besichtigen, studieren. Im Frankfurter Bethmann-Park zum Beispiel haben chinesische Gartenmeister einen imposanten Gelehrtengarten um einen Teich herum angelegt. Zum Schauen und Staunen. Beim Diederichs-Verlag in

Köln brachte die Frankfurter Floristin Marianne Beuchert ein Vielhundertseitenbuch heraus: »Die Gärten Chinas«. Zum Staunen und zum Verstehen. Soweit eben möglich, soweit christianisierte Germanen taoistische Chinesen verstehen können. »Indem wir Blumen pflanzen, laden wir die Schmetterlinge ein; indem wir Kiefern pflanzen, den Wind; wenn wir Bananen pflanzen, den Regen, und wenn wir Weiden pflanzen, laden wir die Zikaden ein.« Das ist uralte Gartenweisheit, freilich keine deutsche; nicht allein die Bananen deuten es an. Es ist eine chinesische Erfahrung. Und es ist die poetische Ausdrucksweise des Fernen Ostens. Deutsche Gartenarchitekten reden anders. Ihre chinesischen Kollegen früher (die heutigen müssen sich immer noch von der Kulturrevolution erholen) waren zugleich Landschaftsmaler; das dichterische Wort, das verdichtende, stand dem Gebildeten im Reich der Mitte selbstverständlich zu Gebote. Wie selbstverständlich, erfahren wir aus dem Gesellschaftsroman »Der Traum der Roten Kammer«, der China-Eleven in zwei Bänden der Insel-Taschenbücher zur Verfügung steht, als Pflichtlektüre – nicht so sehr wegen des feudalen Gartens für die kaiserliche Konkubine, der dort eine labyrinthische Rolle spielt, als aus atmosphärischen Gründen.

»Nicht größer als zehn Klafter ist mein Haus, drei Klafter sein Garten. Ist der Garten auch schmal, so kann ich doch zum Himmel emporblicken. Weil Sonne und Mond selbst diesen armseligen Platz bescheinen, kommen auch die Jahreszeiten zu Besuch, Wind, Regen, Schnee und Hagel. Schmetterlinge kommen und gaukeln, Zikaden kommen und schrillen, Vögel kommen und hüpfen herum, und es zirpen die Herbstgrillen. Schaut man sich bedächtig um, so kann man den Reichtum des Weltalls wirklich in einem Gärtchen von drei Klaftern im Überfluß finden.«

So spricht kein deutscher Vorgartenbesitzer. Vor allem, er empfindet nicht so. Unser Garten soll ordentlich sein, pflegeleicht. Darum

überall das Immergrüne, der Rasen, die Koniferen, die Verdrängung der Laubbäume; Laub ist lästig. Auch Chinesen lieben den Nadelbaum, doch aus anderem Grund. »Wenn man in einem Garten mit Pfirsichbäumen, Blumen und Weiden sitzt, und es erfreut nicht eine einzige Kiefer das Auge, dann ist es, als halte man sich unter Frauen und Kindern auf, und kein ehrfurchtgebietender Mann ist in der Nähe, zu dem man aufblicken könnte.« Es wäre unnütz, chinesisches Naturgefühl gegen das europäische auszuspielen. Wer will schon eines Besseren belehrt werden! Doch da wir vom japanischen Garten so viel gelernt haben, warum sollte uns nicht auch sein chinesisches Urbild Anregungen geben? Zumindest können uns die Chinesen nachdenklich machen.

Was suchen wir im Garten, wenn es dunkel geworden ist? Im chinesischen Garten gibt es neben Schattenorten und Sonnenstellen auch einen ausgewählten Platz, den Mond zu betrachten oder die im Mondlicht leuchtenden Blumen. Denn, so zitiert Marianne Beuchert: »Die Gärten sind zur Nahrung des Herzens gemacht.«

Wo hört das Herz auf, wo beginnt der Kopf? Der Engländer Christopher Thacker berichtet in den chinesischen Kapiteln seiner »Geschichte der Gärten« (bei Orell-Füssli, Zürich) von dem Maler Mi Fei, der einen Pavillon allein zur Betrachtung von Steinen errichtete; vor einem Felsbrocken, den er als seinen älteren Bruder bezeichnete, habe er sich stets verbeugt. Das ist zwar achthundert Jahre her, doch ein Chinese unserer Tage bemerkt dazu: »Wenn ein Stein mit Persönlichkeit ausgestattet ist, kann er eine angenehme Gesellschaft sein.«

Der eine mag jetzt den Kopf schütteln, andere nicken bestätigend. Der eine erschöpft sich in seinem Garten beim Unkrautjäten, Rasenschneiden und Kompostbereiten, andere nutzen ihn auch als ihr kleines Welttheater, das ihnen im Wasser den Himmel spiegelt und beim Durchwandern die Gedanken beflügelt. Candide könnte es gedacht haben, gesagt hat es aber Ou-yang Hsin: »In allen vier Jahreszeiten soll mir der Wein nicht ausgehen. / Und es soll kein Tag sich neigen, an dem nicht eine Blüte sich öffnet.«

Von den Zwiebeln und Zehen

Die Zwiebel ist der Juden Speise. / Das Zebra trifft man stellenweise.« Wilhelm Busch war ein Kind des neunzehnten Jahrhunderts. Heute stehen Türken und andere sogenannte Gastarbeiter in schlechtem Geruch. Denn wonach riechen sie, diese Spanier, Jugoslawen, Italiener, Griechen, Polen und Asylanten? Nach Knoblauch natürlich. Nach der schlimmsten aller Zwiebeln, der schwefligen Knolle, der heimtückischen Zehe, deren Aroma den Teller sanft und köstlich umweht, den Esser hernach aber scharf und unanständig umwölkt – wie das Vorurteil glauben macht. Ein Zimmer voll Zigarrenrauch: Das ist der Geruch des Herrn. Ein Zimmer voll Knoblauchduft: Das ist der Dunst der armen Leute. Ein braver Deutscher fürchtet den Knoblauch wie Graf Dracula. Der brave Deutsche ein Vampir?

Um Gottes willen. Wahrscheinlich ist es nur eine Frage der mittleren Sonnenscheindauer und der sommerlichen Temperaturmaxima. Die deutschen Kleingärten liegen nicht nur an einer Ostwestgrenze zwischen unbefangenem Kapitalismus und verbittertem Sozialismus, sondern auch zwischen dem zwiebeltränenden Norden und dem knoblauchseligen Süden.

Der Knoblauch braucht Sonne, damit er gedeiht; der Knoblauch braucht warme Abende, Rotweinabende, damit er gedeihlich genossen werden kann. Mit Tintenfisch oder Krabben, mit Joghurt oder Quark, und immer wieder mit Lammschulter, Lammkeule, Lammkarree.

Nein, nicht noch eine Verteidigung der wunderwirkenden Würze, die sogar einen Schweinebraten in den Himmel heben kann! Wem hülfe es? Die Fronten stehen. Ein Knoblauchverächter läßt sich nicht umstimmen, auch nicht durch den Hinweis auf jenen französischen Gastarbeiter in Aachen, Charlemagne, der die Sachsen zwiebelte und den fränkischen Völkern den Anbau von Lauchgewächsen in den Reichsgärten befahl. Die Lust zum Knoblauch läßt sich nicht befehlen, von keiner Reichslauchlustverordnung. Lassen wir den Knoblauch, fürs erste, gehn wir in den Garten, da stehen die milderen Brüder und Schwestern aus der Zwiebelfamilie.

Jenseits jeden Streits um den guten Geschmack wächst ausdauernd der Schnittlauch, Allium schoeneprasum: anspruchslos, fast winterhart, der Wurzelstock teilbar, immer zur Verfügung, voll guter Säfte. Ein Appetitlexikon berichtet, er »ward im alten Rom besonders durch Nero zu Ehren gebracht, der zur Kräftigung seiner edlen Tenorstimme Schnittlauch mit Öl zu essen pflegte. Die dunkelgrünen, röhrenförmigen Blätter werden kleingehackt als Würze zu Salaten und Saucen verwendet oder roh auf Butterbrot verspeist. Suppen damit zu würzen ist nicht mehr modern.« Das Appetitlexikon stammt aus dem vergangenen Jahrhundert. Freilich: Nicht jede Suppe will den Schnittlauch. Aber: Ohne Schnittlauch kein Gemüsebeet. Und Karl der Große sagte: Ohne Schnittlauch kein Reichsgarten. Den Schnittlauch kann man sich wahrhaftig gefallen lassen. Im Frühjahr blüht er mit runden purpurnen Köpfen schöner als der Klee.

Beim Lauch, norddeutsch Porree, botanisch Allium porrum, wird es schon wieder schwieriger. Lauch gedünstet, mit einer Vinaigrette übergossen, lauwarm als Vorspeise – einfach köstlich, doch nicht jeder weiß das sanfte Aroma zu schätzen. Auch das Heranziehen langer weißschäftiger Stangen will geübt sein. Brauchbar am Lauch ist ja nur der bleiche Schaft. Auf dem Markt kauft man viel Grünes über wenig Weißem. Der schlaue Lauchgärtner setzt die Sämlinge in Pflanzlöcher,

die ihrerseits in einem Graben sitzen. Wächst der Lauch heran, werden die Stangen immer wieder mit bleichender Erde angehäufelt. Einzelheiten bei Tony Biggs: »Gemüse ziehen« (Otto Maier, Ravensburg). Noch mehr gärtnerische Wissenschaft und Praxis vermitteln Hermann Link und Winfried Titze: »Der Nutzgarten« (Eugen Ulmer, Stuttgart). Zum Knoblauch wissen beide Bücher nicht viel.

Aber über die Zwiebel, Allium cepa, gibt es da wie dort einiges zu lesen. Dann stellt sich allerdings die Frage: Müssen wir unsere Zwiebeln selber ziehen und lagern? Steckzwiebeln sind bequem, aber die langwierig, mühselig aus dem Samen gezogenen Knollen halten sich besser. Doch wozu? Zwiebeln sind das ganze Jahr auf dem Markt, wenn es auch einmal »Zwaans große Winter« sind, das andere Mal »Stuttgarter Riesen« oder die noch größeren Gemüsezwiebeln vom Mittelmeer.

Auch die weiße schlanke Frühlingszwiebel, Allium fistulosum, die frisch verwendet werden muß – sie läßt sich kaufen. Fragt man in Frankfurt nach Schalotten, so reicht die Gemüsefrau ein Bündel dieses Miniaturlauchs herüber. Anders in Straßburg. Die rotbraune Schalotte, französisch échalote, altdeutsch Eschlauch, Allium ascalonicum, ist die feinste und würzigste aller Zwiebeln. Sie ist die Zwiebel der großen Köche. In Deutschland ist sie immer noch rar. Wenn Witzigmann das Rezept seiner Rahmsauce an die Hausfrau weitergibt, nimmt er Rücksicht und schreibt: vier Schalotten (oder eine Zwiebel). Mit der Schalotte Erfahrungen zu sammeln lohnt. In der Küche wie im Garten.

Und was ist nun mit Allium sativum, zu deutsch Knofel? Es ist ganz einfach. Die nötigen Stichworte zur gärtnerischen Knoblauchkultur gibt Eva Tronickova: »Gesundes Gemüse aus dem Garten« (Franckh'sche Verlangshandlung, Stuttgart), auch Gunter Steinbach, dessen »Biologischer Nährgarten« (Nymphenburger, München) überhaupt ein bemerkenswertes Studier- und Lesebuch ist. Zur kulinarischen Knoblauchkultur gibt es nur ein Rezept: Geduld. »Viel Knofel«, klagt noch die koreanische Wirtin, »deutsche Gäste motzen; wenig Knofel, Landsleute Heimweh.« Das wird sich ändern: Wandel durch Annäherung. Wir hatten schon einen Kanzler, keinen schlechten, der schnupft. Und irgendwann wird es den Vorsitzenden nicht mehr genieren, der Konferenzrunde mit einem Hauch von Knoblauch zu zeigen, daß er zu leben weiß.

Ich sah die letzte Rose stehn

Auf deine Lider senk ich Schlummer,/auf deine Lippen send ich Kuß.« Der Herbst holt Verse von Gottfried Benn aus den tieferen Schichten der Gedächtnisrinde. Herbst, das heißt Erinnerung, Herbst heißt Trauer. »Wenn erst die Rosen verrinnen,/aus Vasen oder vom Strauch/und ihr Entblättern beginnen,/fallen die Tränen auch.« Benn hat zeitlebens Herbstgedichte geschrieben, Abschiedsgedichte, Klagegedichte: »Ach, nur Vergehendes ist schön.«

Nein! Bei allem Respekt. Lyrik mag gut sein für geschlossene Räume. Im Garten sind wir prosaisch. An der Schwelle vom Herbst zum Winter bereiten wir den nächsten Frühling vor. Allenfalls die letzte Rose kann uns melancholisch stimmen. Aber es ist zum Lachen: Die vermeintlich letzte ist doch nie die letzte. Im Dauernebel, in der diesigen Dunkelheit der Novembermitte und nach den ersten sternhellen Nächten mit morgendlichem Reif im unteren Gartendrittel, sah es schon nach dem Ende aus, nach Schere, Krail und Spaten: einkürzen allzu langer Triebe, Boden lockern, anhäufeln. Aber es zog wieder atlantische Milde heran, und einige hundert winzige, wie für immer verschlossene Knospen der buschigen Fairy öffnen sich doch. Noch einmal die rosarote Woge. Noch einmal der weiße Wellenkamm.

Denn das Schneewittchen dahinter und darüber schläft auch noch nicht. Sogar die ungeliebte Swany daneben, deren kriechende Ranken so schrecklich wuchern, und deren Blüten graubraun am Stiel vertrocknen, anstatt abzufallen, sie leuchtete im Sommer nie so stark; und jetzt hat sie sich in die halbgeöffnete Knospe zum reinen Weiß den Widerschein des frühen Abendrots geholt. Muß sie im nächsten Jahr denn wirklich rausgeworfen werden? Sie braucht halt mehr Platz. Und auch mehr Liebe. Nicht erst im späten Herbst, wenn das Laub schon fällt.

Zwischenfrage: Sollen wir uns Westwind wünschen, damit der Nachbar die zehn Sack Ahornblätter und das Birkengefitzel von seinen hohen Bäumen selbst aufsammeln muß? Oder lieber Ostwind, damit der Blättersegen unserm Garten zugute kommt? Der Wind weht, wie er will. Oder gar nicht. Der Nebel tropft. Die Blätter stürzen trotzdem schwer zu uns herüber. Sie werden aber vergnügt unter die Sträucher gepackt. Auch dem jungen Bambus machen sie warme Füße.

Rosen sind wie die Mädchen und Frauen, anbetungswürdig. Da wir nicht alle zugleich und gleichermaßen lieben können, geschieht immer einigen Unrecht. Einigen? Allen anderen. Und manchen eben besonders. Dieser jungen Swany – sie kam erst 1978 von Meilland – hat immerhin Dietrich Woessner in den »Gartenrosen« (Ulmer-Verlag) sofort ein Lob gesungen. Aber den Bobby James kennt oder nennt Woessner nicht. Auch in Krüssmanns Kompendium »Rosen, Rosen, Rosen« (Parey Verlag, Hamburg) finden sich nur Bobbie Lucas und Bop Hope.

Zwischenfrage: Soll man Kompost jetzt verteilen oder erst im Frühjahr? Jetzt haben wir Zeit. Und wir haben das Laub, das den empfindlichen Kompost, der nur ein wenig eingeharkt, nie untergegraben wird, gegen das Austrocknen schützt. Also werden Obstbäume und Beerensträucher schon jetzt versorgt. Der Kompost ist ziemlich feucht. Damit die übrige Miete gesund über den Winter kommt, damit sie

nicht fault, wird sie gegen Regen und Schmelzwässer abgedeckt. Auch der Asthaufen nebenan, in dem der Igel ein Nest gebaut hat. Noch schnauft er jede Nacht durchs Gelände.

Rosen sind wie die Frauen. So mancher knorrige Baum steht längst entlaubt, wie tot, da blühen sie immer noch. Freilich nicht alle, nur die remontierenden Sorten, die fleißigen Dauerblüherinnen. Die Schönheiten aus den alten Rosenfamilien dagegen geizen mit ihren Reizen, sie machen sich rar. Nur ein Auftritt im Sommer, nicht en suite bis nah an Weihnachten. Auch Bobby James blüht schon lange nicht mehr. Er gibt seine Vorstellung im Juli. Vierzehn Tage lang ist kaum das Laub zu sehen vor lauter cremeweißen Blütenbüscheln. Bobby James ist ein biegsamer, eleganter Kletterer. Einen alten Baum kann er wunderbar bekleiden. Bei uns rankt er am Zaun. Zehn Wochen nach dem Einsetzen des Stecklings hat er zwei Dolden von je dreißig Knospen gebracht. Und dann ist er in diesem ersten Jahr, trotz schlechtem Boden und schlechtem Wetter, vier Meter in die Breite gegangen. Wie kriegt man ihn? Als Geschenk von einer guten Freundin, die ihn aus England mitgebracht hat. Schande über die deutschen Rosenhändler, wenn sie den Bobby James nicht haben! Gottlob, sie liefern ihn.

Zwischenfrage: Es geht auf Weihnachten zu und die Lorbeerkirsche hat noch Blütenkerzen aufgesetzt. Grund zur Besorgnis? Es ist ein Beweis für ihr Wohlbefinden. Auch der Rasen legt noch einen Zentimeter zu. Die Metasequoia, das chinesische Rotholz, zögert, die rostbraunen Nadelblätter abzuwerfen. Und der Igel ist noch immer unterwegs.

Rosen sind wie Mädchen. Sie wollen bewundert sein. »Pflücke Rosen, wenn sie blühn,/Morgen ist nicht heut!/Keine Stunde laß entfliehn,/Flüchtig ist die Zeit!« Das war die plumpe Sorglosigkeit des Liederdichters Gleim, des Anakreontikers aus Halberstadt. »Ich sah des Sommers letzte Rose stehn,/Sie war, als ob sie bluten könne, rot;/Da sprach ich schaudernd im Vorübergehn:/So weit im Leben ist zu nah am Tod!« Das war Hebbel, zum Beispiel.

Gibt es eigentlich schon die Anthologie, die alle Rosen versammelt, die gereimten und ungereimten, die erblühenden und die vergehenden, das Lächeln und das Erschrecken?

Rosenschwärmerei, Gartenlyrik, Herbstgefühl – gut und recht. Anstecken lassen wir uns aber nicht. Eiswürfel in den Shaker, darüber gleiche Mengen von Gin und Blue Curaçao, einen starken Spritzer Zitrone dazu, oder deren zwei. Nach kurzem Schütteln ergießt sich leicht schäumend die Blaue Lady in den breiten Cocktail-Kelch. Obenauf schwimmt rosarot ein letztes Rosenblatt.

Der Märzenbecher

Hast du, Leser, irgendeinen Frühling deines Lebens gehabt, und hängt noch sein Bild in dir« – Jean Paul, der uns im Siebzehnten Sektor der Unsichtbaren Loge solchermaßen entgegentritt, irritiert den naiven Gärtner nicht, der seinen Frühling alle Jahre hat. Es ist ja auch immer wieder das gleiche Malheur. »Als ich zum ersten mal dich sah,/es war am sechsten Märze,/da fuhr ein Blitz aus lauer Luft/versengend in mein Herze.« Der Gärtner fragt nicht, wer wem das Herz versehrt hat in Scheffels biedermeierlichem Heldengedicht vom Trompeter von Säckingen. Er prüft sich und die Seinen. Vor welcher der erblühenden Schönen schlüge er wohl diese Töne an? Vor den Märzenbechern? Das erste Schneeglöckchen wird bejubelt, die Primel bestaunt, der Krokus bewundert, das Veilchen geliebt, gepflückt. Der Märzenbecher, den die botanische Literatur immer nur Märzbecher nennt oder, ganz streng, Frühlingsknotenblume – er blüht im Frankfurter Städel und im Germanischen Nationalmuseum in Nürnberg, aber nicht im eigenen Garten.

Im Paradiesgärtlein eines oberrheinischen Meisters wächst das älteste Schneeglöckchen der deutschen Kunstgeschichte; Schneeglöckchen wurde der Märzenbecher bis ins vergangene Jahrhundert mit besserem Recht genannt, weil er wirklich Glöckchen trägt. Das kleine Tafelbild im zweiten Stock des Städelschen Kunstinstituts wurde ums Jahr 1410 gemalt: kein sündiges Paradies mit Eva und der Schlange, sondern ein mauerumgürteter hortus conclusus mit Maria und dem Kind, einigem Personal und allen marianischen Blumen vom Himmelsschlüssel zur Lilie zur Rose. Das Knäblein spielt die Zither, dem Erzengel Michael sitzt ein sehr dunkler Teufel zu Füßen, der Ritter Georg hat den erlegten Drachen mitgebracht, die heilige Barbara schöpft Wasser, die heilige Dorothea pflückt Kirschen, es gibt viel zu gucken und zu enträtseln auf dem bunten Bild, in dessen Mitte der Maler, vor den Saum des blauen Gewands der Himmelskönigin, den Märzenbecher gesetzt hat. Hans Burgkmair in Nürnberg ist neunzig Jahre später sehr viel sparsamer mit dem Blumenschmuck bei seiner Madonna mit dem Kind, aber den Märzenbecher malt er an die gleiche Stelle, dorthin, wo das Kleid der Jungfrau den nackten Boden berührt.

In den Kräuterbüchern jener Zeit heißt die Pflanze Hornungsblume, was auf milde Winter schließen läßt. Der Hornung ist der Februar. Hieronymus Bock: »Ein jede schell oder blum vergleicht sich einer Cymbalen mit sechs spitzlin / die seind außwendig mit gälgrünen Tröpflin auf den Spitzen gemalet.« Er fügt hinzu: »Dise Blumen wachsen in ettlichen finstern dälern / als im Odenwald, im Spessart / im Leberthal auf der Fürsten.« Und da kommen wir dem Geheimnis des Märzenbechers auf die Spur.

Einer Frankfurter Gärtnerin hat es sich vor Jahren im Vogelsberg enthüllt, als sie nicht weit vom Hoherodskopf in der Einsamkeit Hunderte, Tausende von Märzenbechern am Bach unter hohen Erlen fand. Die standen alle knöcheltief im Schmelzwasser. Im Sommer war

diese Märzenbecherwiese meterhoch von Riedgras überwachsen. Also setzte die verehrte Freundin ihre Märzenbecher zu Haus im Garten an jene Stelle, wo sie früher einen Teich hatte, wo die Bäume mittags Schatten werfen, wo der Boden obendrein besonders nahrhaft ist.

Die gleiche Erfahrung hat auch Karl Foerster gemacht, der im »Blumenzwiebelbuch« vor fünfzig Jahren schrieb, daß der Märzenbecher an trockeneren Gartenplätzen schon im zweiten Jahr nicht mehr blühen mag, weshalb er empfahl, die Zwiebeln in schmalen Bändern so auszulegen, daß die Wurzeln zur Seite ausgreifen können; »in saftigeren Böden kann man natürlich reichlicher und flächiger vorgehen«. Den saftigeren Boden braucht der Märzenbecher, einen Boden, der im Frühjahr sumpfig sein darf und im Sommer noch feucht sein muß. Wo andere Zwiebeln faulen, fühlt er sich wohl. Auf einem Holzschnitt im »Kreuterbuch« des Otto Brunfels, zum Druck gegeben 1537, ist das starke Wurzelgewirr unter den Zwiebelchen besonders auffällig: Nicht nur immer durstig ist dieses zarte Pflänzchen, es ist auch ein Vielfraß.

Der Märzenbecher, Leucojum vernum, hat eine ebenso wassersüchtige größere Schwester, Leucojum aestivum. Die blüht im Juni und heißt Sommertürchen, obwohl sie auf halbmeterhohen Stengeln je drei bis acht fingerhutgroße weiße Glocken schwenkt. Andere Geschwister sind nicht gar so groß, blühen rosa oder weiß mit roter Zeichnung, brauchen eine sommerliche Trockenperiode und erscheinen im Januar (trichyllum; Südspanien, Marokko), im April (longifolium; Korsika), im Frühsommer (nicaeense; Côte d'Azur und Ligurien) oder im Herbst (rosea; autumnale; Spanien, Sardinien, Sizilien, Nordafrika). Der Hinweis auf die Heimatländer erklärt, warum diese Arten bei uns meist nur im Glashaus eine Chance haben.

Der einst in den deutschen Mittelgebirgen heimische Märzenbecher – auch im Vogelsberg ist kein Hochtal mehr einsam, Mariannes Wiese ist unterdessen geplündert – schmückt sich, wie es schon Bock beschrieb, mit grünen oder gelblichgrünen Punkten an den Zipfeln der Blütenglocken. Sind die Punkte rein gelb, stammt die Blume aus den Wäldern Osteuropas. Gelb getupft ist auch die Unterart vernum var. carpaticum, die in Polen und Rumänien zu Hause ist und oft zwei Glöckchen auf einem Stengel trägt. Als besonders robuster Märzenbecher wird vernum var. vagneri empfohlen, der aus Ungarn kommt.

Ob gelb getüpfelt oder grün, es ist gewiß, nach dieser jetzt erworbenen Wissenschaft, daß das schneeweiße Glöckchen, das Märzenbecher heißt und richtiger Märzglöckchen heißen sollte, im nächsten Jahr auch uns das Herz versengt. Noch im Sommer, Ende August, werden die Zwiebeln gesetzt, keine zehn Zentimeter tief, in lehmighumose Erde, wassergekühlt, im Winter mit etwas Laub abgedeckt; der Platz ist schon gefunden. Und Jean Pauls Gedankenspiel kann weitergeschrieben werden. Hast du, Gärtner, irgendeinen Frühling deines Lebens gehabt, und hängt noch sein Bild in dir: so wird ein Märzglöckchen darinnen sein, das dir aus den Finsternissen des Winters hinausleuchtet in die reichern Paradiese hellerer Jahreszeiten.

Heide blüht immer

Auf der Heide blüht ein kleines Blümelein, und das heißt: Erika. Wie manche Behauptung, die lautstark vorgetragen wird, kommt uns dieser Kasernenhofschlager mit einer Halbwahrheit. Was auf der Heide blüht, wenn es nicht das Röslein auf der Heiden ist, das heißt Calluna. Calluna vulgaris, zu deutsch Besenheide, Brandheide, Brauttreue, Tannenmyrthe oder Immerschön. Die Calluna ist das Heidekraut der Lüneburger Heide, das dort zu Zeiten des Heideliebhabers Christian Morgenstern oder des in dieser Hinsicht bekannteren Hermann Löns die Heidschnucken zu Hunderttausenden ernährte – und heute immerhin noch einige Bienenvölker.

Früher halfen die Schafe den Immen, indem sie die Spinnweben zerrissen; indem sie es fraßen, halfen sie auch dem Heidekraut – das kein Kraut ist, sondern ein kriechender Strauch, der sich anderthalb Meter hoch erheben kann. Mit Lust taten die Schafe das gleiche, was der Gärtner im Heidegarten eher unlustig tut: sie beschnitten das Gesträuch, hielten es niedrig und dicht. Und sie verhinderten fressend das Aufkommen von Bäumen. Das Schaf als Landschaftspfleger.

Die Blümelein, die in der dunklen Jahreszeit in Millionen von Tontöpfen violett als Winterschmuck auf leeren Balkonen und auf fast allen Gräbern blühen, sie heißen nun wirklich Erica. Genauer: Erica gracilis. Noch genauer: Glasers Rote. Diese eine Sorte hat alle anderen in den Hintergrund gedrängt. Was da im Spätherbst vor den Blumenläden sich reiht und von Pudeln und Dackeln genäßt wird, es ist ein einziger Superlativ. Von der zweijährigen Mutterpflanze lassen sich tausend Stecklinge schneiden, geschickte Hände bringen es auf zweitausend; bei anderen Erica-Sorten sind es bestenfalls fünfhundert. Glasers Rote blüht von unten bis oben und weit in den Winter hinein, ohne daß der deshalb streng werden müßte, wie die Bauernregel früher verlangte. Fünfundzwanzigtausend purpurne Blütenglöckchen hat jemand an einer Pflanze im Zwölfzentimetertopf gezählt. Er hat auch die winzigen nadelartigen Blätter unter die Lupe genommen, es waren noch zehnmal so viele. Das ist Glasers Rote, das Heidekraut für die große Herbstparade.

Es gibt andere Erica-Sorten, die uns nicht in Kolonnen, aber auch nicht gerade mädchenhaft begegnen. Sie heißen »Geheimrat Engler« oder »Oberinspektor Vorwerk« oder gar »Professor Diels«. Empfindlich wie die Backfische sind sie trotzdem alle, die Heidekräuter. Die Schneeheide ausgenommen, die auf dem Kalkboden der Alpen gedeiht und im Vorfrühling blüht, können sie schon gegen hartes Lei-

tungswasser allergisch sein. Ein pH-Wert von sechs macht sie krank. Sauer soll der Boden sein, nährstoffarm und durchlässig. Denn feucht möchten sie es zwar haben, aber nicht naß. Sie sind ja mit den Azaleen und Rhododendren verwandt, die derselben Familie der Ericaceen zugehören. Anders als diese Liebhaber des Halbschattens brauchen die Heidekräuter allerdings volles Licht, viel Sonne. Die meisten Eriken lieben auch die Wärme. Von den sechshundertdreiundzwanzig Arten, die man heute kennt, hat der größte Teil seine Heimat in Südafrika. Viele fürchten deshalb den Frost, sie gedeihen auf der Nordhalbkugel nur im Glashaus, im Zimmer oder im milden Klima Südenglands, wo seit zweihundert Jahren die wahren Heidenarren zu Hause sind. Bis jetzt. Die Heide erobert den Kontinent. Holland hat einen öffentlichen Heidegarten und einen nationalen Heideverein.

Winterharte Erika für den deutschen Heidegarten gibt es genug, eher gibt es zu wenig Heidegärtner. Sogar von der wilden Besenheide, von Calluna, der Schönen, wurden Kultursorten für den Garten gezogen, weiß oder rosa, lachsfarben, karminrot oder violett, manche mit gefüllten Blüten oder goldgelbem Laub. Freilich kommt das Heidekraut hierzulande vielen nur mittelbar nah, als Heidehonig oder Heidetee. Der soll gut sein für Blase und Niere. Er wird auch gegen Rheuma und Arthritis getrunken, zwei Löffelchen getrockneter Blüten je Tasse, zehn Minuten durchgezogen, lauwarm und schluckweise – wie schon in den Badestuben des Mittelalters; erst Sebastian Kneipp hat die Heilkraft wiederentdeckt. Mancher schätzt den duftenden Heidetee wegen der mild sedativen Wirkung als Schlafbringer. Der Aberglaube weiß, daß Träume wahr werden, wenn weißblühendes Heidekraut unter dem Kopfkissen liegt. Auch der Kranz von Heidekraut, um den Spiegel gewunden, leistet schon viel: Er hält Unglück vom Hause ab. Und noch der Raucher, der die Pfeife schmaucht, zieht sein stilles Glück aus der Heide. Das harte Bruyère-Holz des

Pfeifenkopfs stammt aus der Wurzel der am Mittelmeer heimischen Erica arborea.

Tee trinken, Pfeife rauchen: Glücks genug? Warum nicht dazu nun den Heidegarten draußen vorm Haus? Röslein sprach: Ich steche dich. Heide beruhigt. Und die Heidegärtnerei ist wahrhaftig keine Wissenschaft mit sieben Siegeln, zumal es Hilfen gibt. Der Hamburger Verlag Paul Parey unterrichtet mit Büchern von Hellmut Vogel über »Azaleen, Eriken, Kamelien« und von Harry van de Laar über »Heidegärten. Anlage, Pflege, Pflanzenwahl«.

Die unerwartet große und bunte Schar der struppigen Kissen voller Glöckchen oder zierlicher Kelche oder quirliger Trauben oder gar die kräftigen Blütenkolben des »Roi Edouard« werden den Neuling erst einmal erschrecken. Dann sollte er die Augen schließen vor der verwirrenden Vielfalt und ganz einfach in der Steingartenecke mal versuchsweise anfangen mit jenen vier gängigen Arten, die fast jeder Pflanzenhändler im Sortiment hat: Besenheide, Schneeheide, Glokkenheide und Cornwallheide. Da blüht es ihm dann unaufhörlich von Dezember bis Dezember. Und obendrein so farbig, daß er schon wieder lächeln kann, wenn poetische Naturen immer nur von der einen Heide schwärmen, weil sie nichts anderes kennen als das müde Glühlila des späten Jahrs.

Die Eibe ist ein Geschenk des Himmels

Weißes Papier beflügelt die Phantasie«, behauptet Karl Heinz Hanisch. Ähnlich anregend seien weiße Rosen, die sich freilich mit einem Hauch von Lila überzögen, wenn Sonnenblumen in der Nähe stehen. »Wenn weiße Rosen viel Grün um sich haben, schimmern sie rosa.« Buchs und Lorbeerkirsche seien solche Begleiter.

Auch das schwere, satte Grün der Eibe ist eine gute Kulisse für die »Karl Heinz Hanisch«, die nach eben jenem leidenschaftlichen Gärtner und emeritierten Gartenjournalisten benannt wurde. Doch nicht auf diese duftende weiße Rose soll vor dem Gang ins Eibenlabyrinth aufmerksam gemacht werden, sondern auf die »Erlebte Rose«, zweihundert Seiten stark, die Hanisch bei Ulmer herausgebracht hat. Ein Rosenleben blüht in dem heiteren Buch, das voll ist von Geschichten, Wissenschaft und Witz. Man kann nicht alle Rosen kennen, nicht alle Rosenbücher lesen, aber dieses muß ringsum verschenkt werden, nachdem wir es uns selbst gegönnt haben.

Die Eibe ist ein Geschenk des Himmels, nicht nur als Rosenparavent und als Stellwand zwischen den Gartenzimmern. Eine dunkelgrüne Eibenhecke, so dicht, daß kein Zaunkönig mehr hindurchschlüpft, ist der beste Schutz zur Straße oder zum Nachbarn, falls der Platz für den großen Rhododendron nicht reicht. Und sie ist der tragende Hintergrund, der basso ostinato für jegliche Farbmelodie. Die Eibenhecke kann extrem schmal gehalten werden und bleibt doch bis zum Boden grün, verkahlt nicht an freigelegten dicken Ästen, da sie aus dem alten Holz wieder auszutreiben vermag.

Die beste Zeit für die Eibenschur ist der Spätwinter, vor dem Austrieb, der Schnittverletzungen bald überdeckt. Wer die Mühe scheut, wer es nicht übers Herz bringt, die Schere zu schwingen, wer glattwandige Umrisse nicht mag, hat dennoch sehr verschiedene Formen zur Wahl: flachliegende, buschige, kugelige oder kegelförmige Eiben zwischen den Rosen, schlanke Säulen, dicke Türme oder richtige Bäume haushoch hinter den Rosen. Taxus baccata Fastigiata, die Irische Eibe, wächst wie ein grüner Pinsel gen Himmel, auch die breitere Taxus media Hicksii geht straff in die Höhe. Taxus cuspidata, die Japaneibe, bildet Kegel, doppelt so breit wie hoch. Taxus baccata Repandens schiebt die Zweige fast waagrecht über den Boden. Die Nadeln glänzen auf der Oberseite dunkelgrün, sind unten hell und matt. Es

gibt viele Sorten mit goldgelben Triebspitzen, auf dem großen Foto aus Levens Hall stehen drei solcher Büsche im Vordergrund. Was das Bild nicht zeigt: Die Eibe läßt sich nicht nur trimmen, sie ordnet sich unter, wenn ein größerer oder schnellerer Baum sie bedrängt. Sie kommt auch in dessen Schatten zurecht.

Warum werden die Vorzüge der Eiben in England, Frankreich, Italien oft genutzt und bei uns so selten? Weil die gestutzten Elemente des Barocks außerhalb der Schloßgärten nie so recht populär geworden sind? Weil die Eibe als Friedhofsbaum gilt und der Friedhof als Ort angesehen wird, der zu meiden sei, bis er unvermeidlich geworden ist? Weil die Eibe von Kopf bis Fuß giftig ist? Die Beeren allerdings, die saftig roten, die Kinder verlocken können, sind eßbar, ungefährlich, solange der darin verborgene Samen nicht zerbissen wird. Sonst gäbe es längst keine Amseln mehr. Nur Holz und Nadeln enthalten das Gift. Fressen Pferde das weiche Eibengezweig, fallen sie nach fünf Minuten tot um. Kühe zeigen erst nach zwei Tagen Vergiftungserscheinungen. Kaut ein Mensch hundert Eibennadeln, so seien ihm binnen einer Stunde Übelkeit, Leibschmerzen, Bewußtlosigkeit und schließlich Atemlähmung gewiß, schreibt ein Ärzteblatt unter der Überschrift »Suizidversuche mit Eibennadeln erfolgreich«. Plinius glaubte, schon der Schlaf unter einer blühenden Eibe könne tödlich sein. Wir ruhen nicht unter den Eiben, sondern ziehen unermüdlich die Hicksii-Schößlinge hoch, die von den Amseln gesät werden. Die Liebe zur Geometrie soll eine Zuflucht haben. Denn Gartenlust ist Gartenkunst.

Der Italienreisende aus Weimar meinte, der »Taxus der nördlichen Gärtnerei, spitz zugeschnitten«, sei »Nachahmung des schönen Naturprodukts der Cypressen«. Auch die Goethezeit hielt es, gegen den überwundenen Barock, sehr mit der natürlichen Natur. Und dann doch die Zeilen: »Natur und Kunst, sie scheinen sich zu fliehen / und haben sich, eh man es denkt, gefunden«. Zum Beispiel in den Gärten der Toskana, im florentinischen Giardino della Gamberaia oder im Gartentheater der Villa Reale bei Lucca, wo hohe Taxuswände mit Toren und Fenstern Eintritt gewähren, Ausblicke eröffnen, Nischen bilden für den Sockel einer marmornen Göttin oder für ein hitziges Tête-à-tête auf kühler Bank.

Für Bühnenbilder dieses Zuschnitts fehlt uns der Platz, vor allem die Geduld. Eiben wachsen langsam. Wir haben auch nicht die Mittel, gleich mit großen, teuren Pflanzen anzufangen wie einst der Finanzminister Fouquet, der dem Sonnenkönig am 17. August 1661 vorführte, was er sich in Vaux-le-Vicomte, nicht weit von Fontainebleau, in fünf Jahren hatte bauen lassen: ein stattliches Schloß und einen Park, der seinesgleichen nicht hatte. Denn der war von dem jungen Le Nôtre angelegt worden, symmetrisch, aber den Gesetzen der Perspektive spottend, mit vielen Wasserspielen und noch mehr Taxuspyramiden und Taxusmauern. Ludwig der Vierzehnte sei vor Neid erblaßt, sagt die Legende, die Voltaire in zwei Sätze faßte: »Um sechs Uhr abends war Fouquet der König von Frankreich. Um zwei Uhr nachts war er nichts mehr.« In Wahrheit hatten Colberts Intrigen schon vorher Wirkung getan, Fouquet wurde auch erst drei Wochen nach seiner Gartenpräsentation verhaftet und auf Lebenszeit ins Gefängnis gesteckt. Nicht zuletzt deshalb, weil er versucht hatte, die Favoritin des Königs für sich zu gewinnen. Der hat dann aber nicht nur Fouquets Schloß-Architekten für Versailles verpflichtet, sondern auch das Gartengenie Le Nôtre.

Wer sich heute den renovierten Park von Vaux-le-Vicomtes erwandert, kann den Neid des Königs verstehen und stellt sich bald die eine und andere Eibenpyramide als Eckpfeiler des eigenen kleinen Gartenhorizonts vor. Auch eine geschlossene englische Version wäre denkbar: My home is my castle, also Eibenwände mit eingeschnittenen Zinnen, von einem grünen Wächter besetzt. Oder nur von einer Schar kapitolinischer Gänse.

Schlüsselblume und Himmelsschlüssel

»Veränderung ist angenehm und der menschlichen Natur notwendig, wenn sie auch zum Schlimmeren führt.« Zum Glück gilt so ein Satz überall, nur nicht im Garten. Dort ist die Veränderung unangenehm, mit Kreuzweh und Muskelschmerz verbunden, doch sie wird dem Menschen von der Natur diktiert und führt zum Besseren. Ende Februar sowieso. Ende Februar steigen die Säfte. Ende Februar wächst die Ungeduld.

Die Obstbäume sind geschnitten, die Haselbüsche gerodet, das Holz ist kleingemacht. Dafür war der milde Januar gut. Die Pflanzgruben für den Bambus und die Rhododendren sind ausgehoben. Der Kompost hat eine neue, dauerhafte Umfassung. Was nun?

Jetzt darf es endlich mal ordentlich schneien, damit wir die Langlaufski nicht vergebens gekauft haben. Aber dann soll der halbherzige Winter ein Ende haben. Dann muß Frühling sein. Mit Amselgesang, mit Düften, vor allem mit Farben. Nicht mehr die blassen, windigen Schneeglöckchen. Nicht nur das kleine Violett der Veilchen. Nicht bloß das fette Gelb der Winterlinge, sondern die feineren Töne der Schlüsselblumen. Und schließlich die überwältigende Buntheit ihrer kurzbeinigen Schwestern, der Primeln und Aurikeln. Nein, es kommt natürlich andersherum: Zuerst sind die dicken Primeln da, Wochen später öffnet der Himmelsschlüssel dem Mai die Tür.

Aber Vorsicht. Primeln sind sie alle. Auch die himmlische Schlüsselblume ist eine Primel. Der Laie sieht es an den runzligen Blättern, dem Botaniker sagt es der Name: Primula veris, die Echte Schlüsselblume. Sie steht selten im Garten, eher an Waldrändern, manchmal färbt sie ganze Wiesen dottergelb, im Hintertaunus oder in den welligen Landschaften Burgunds. Wenn es nicht die Primula eliator ist,

die hellere, die Hohe Schlüsselblume, die besonders dort sehr aufrecht blüht, wo in der Nähe ein Wasser rinnt.

Die Primeln, die schon seit Weihnachten an den Eingängen der Supermärkte zu Hunderten in kleinen Töpfen frieren, die vielleicht nach dem verfrühten Blühen in den Garten gesetzt werden, falls sie in der trockenen Zimmerluft nicht eingegangen sind, sie heißen Primula vulgaris. Es sind die Kissenprimeln, die schaftlosen Schlüsselblumen, die ihre runden Gesichter nur mit Mühe übers Blattwerk heben, so viele nebeneinander, daß sie oft ein geschlossenes Blütenkissen bilden.

Der hochstielige Himmelsschlüssel am Bach oder auf der Bergwiese sieht dagegen wirklich wie ein alter Schlüssel aus, mit langem Schaft und dem nach einer Seite gewendeten Bart. Bart ist freilich ein unangemessenes Wort für das lockere Bündel von zarten Blütenkelchen, die so milchig duften. Milchig – das ist die Charakterisierung der Engländerin Lesley Bremness in ihrem »Großen Buch der Kräuter« (AT Verlag, Aarau und Stuttgart). Milchig? Ja, wie duftet die Schlüsselblume? Für die Farben und ihre Schattierungen haben die Gärtner allerhand Namen. Wenn es um Gerüche geht, verstummen die Blumenkataloge, sie werden zumindest sehr einsilbig. Gärtner haben Hände zum Pflanzen, Pflegen und Pflücken, sie haben kritische Augen, aber eine Nase haben sie noch nicht, die haben sie allenfalls für den Wein im Glas, wenn der seine Blume entfaltet. Immerhin macht Fritz Köhlein in seinem Vierhundert-Seiten-Werk über die »Primeln« Andeutungen wie diese: »Primula vulgaris ssp. balearica findet sich in den Bergen von Mallorca und hat weiße, stark duftende Blüten.« Beim heimischen Himmelsschlüssel: »Die wohlriechende Blütenkrone, nur selten ohne Geruch, ist dottergelb, am Schlund mit fünf orangefarbenen Flecken …« An der Primula reidii aus dem Himalaja wird der »wundervolle Duft« gerühmt. Es geht in Köhleins Monographie (Ulmer Verlag, Stuttgart) nur ganz am Rande um das flüchtige und offenbar so genau nicht sagbare Glück der Nase; wichtig sind Habitus, Standort, Kultur, Nomenklaturen. Wie das Samentütchen, das so viel saftiges Leben enthält, speichert das Buch die ganze Primel-Botanik, dreihundert Arten oder mehr, von den Sorten der Züchter nicht zu reden – ein Geflecht von Wissenschaft und Gartenpraxis als Ergebnis lebenslanger Primel-Passion.

Eine andere Sinneserfahrung hat der Fachmann ganz ausgelassen, jedenfalls nicht beschrieben. Wie schmeckt die Schlüsselblume? In England ist sie süß. Dort werden Schlüsselblumen kandiert und auf den Kuchen gestreut. In Deutschland dienen die Wurzeln der Schlüsselblume zu einem Hustentee, besonders empfohlen bei chronischer Altersbronchitis. Die Engländerinnen kennen diesen Tee auch, aber sie nehmen ihn einfach zur Entspannung, zur Not gegen nervösen Kopfschmerz. Vor allem mischen sie die Schlüsselblumenblüten ins Potpourri ihrer Duft-Töpfe. So unterscheiden sich die Nationen.

Aber wie unterscheiden sich die dottergelbe Apothekerprimel (veris), die schwefelgelbe Waldprimel (eliator) und die farbenfrohe Kissenprimel (vulgaris) von den Teppichprimeln, Kugelprimeln, Etagenprimeln, Mehlprimeln, Leimprimeln und samtäugigen Aurikeln? Ach, wer das wüßte, müßte auch vierhundert Seiten schreiben. Darum sei auf Fritz Köhlein verwiesen. Und auf die Kataloge der Staudengärtnereien. Und die Bücher über die Gebirgsflora. Denn die wilden Großeltern der meisten Gartenprimeln sind Bergblumen. Deswegen ist nicht jede geschenkte oder gekaufte Topfpflanze im feuchten Halbschatten unter Gehölzen oder Mauern richtig untergebracht, manche sitzen viel lieber sonnig und vergleichsweise trocken im Steingarten.

Suchen wir nach einem gemeinsamen Nenner jenseits der botanischen Wissenschaft und gärtnerischen Praxis, so ist es das Biedermeierliche, das dieser bunten und dank der angloamerikanischen Züchter oft unsäglich bunten Lieblichkeit anhaftet. Im Blumenkatalog der englischen Firma Thompson & Morgan wirken die Seiten mit den Primeln wie die verkleinerte Wiedergabe einer Kollektion von Ballkleidern für die ältere Generation. Doch die Urformen mit den sanften Creme-Tönen, deren Farbspiel selten mehr als zwei Elemente vereint, sie sind die reinen Andachtsbilder. Karl Foerster, der Hohe-Priester aller Gartenandacht, beklagte immer wieder, daß er in diesem Jahrhundert in einem Wellental der Primelbegeisterung lebe. Und sah er über den Zaun, übermannte ihn beinah der Zorn: »Die meisten Gärten sind Dokumente der Andachtslosigkeit, mit der das Leben gelebt wird.« Wollen wir's ändern?

Tannen sind schön für den Wald

Wir hatten in der Schule einen Lehrer mit großem Kopf, der sagte uns, daß in verhältnismäßig sehr kurzer Zeit das mittlere Europa ein einziger großer Wald wäre, wenn die Zivilisation zurückginge. Wenn nicht Menschen da wären, die gegen das Wachsen des Waldes ankämpften, träte der Wald frei, als herrschendes Ganzes auf. Das gab uns zu denken.«

Als Robert Walser auf der Schulbank saß, mußte niemand ernstlich einen Kollaps der Zivilisation befürchten. Und es ahnte wohl keiner, daß der seit langem ungleiche Kampf des Menschen gegen den Wald schon hundert Jahre später an einem Punkt sein werde, wo der Gegner geschont, ja gepäppelt werden muß. Wird noch irgendwo gekämpft gegen die Macht des Waldes? Der Wald ist auf dem Rückzug. Wo ihn die Axt nicht erreicht, trifft ihn der saure Regen. Der Wald ist geschlagen.

Dennoch müssen wir uns wehren! Der Wald stirbt, aber die Waldbäume sind auf dem Marsch: Blaufichten, Silbertannen und Schwarz-

kiefern, Gold-Eiben und Douglasien, Tränenkiefern, Korea-Tannen – Hundertschaften solcher Partisanen sind dabei, unsere Gärten zu erobern. Die Zedern kommen als Einzelkämpfer, die Scheinzypressen und Säulenwacholder in ganzen Trupps. Ein Rachefeldzug, der nicht aufzuhalten ist.

Seit Jahrzehnten wird gegen die Koniferenversammlungen in den Gärten der Neubaugebiete polemisiert. Aber stört's wen? Die Baumschulen ziehen unverdrossen Nadelregimenter nach. Je größer der Baum, desto eher wird sich seine Uniform vom frischen Tannengrün zum Blaugrauen wenden, die kleineren Figuren dürfen gern auch mal ins Goldgelbe changieren. Seriös ist jedoch nur die dunkle Uniform. Dunkel gilt immer noch für fein. Auch das Auto in der Garage ist mausgrau, wenn nicht schwarz. Wie sollten die Gärten anders sein als konventionell. Die Menschheit ist eine Hammelherde. Die Historiker lernen nichts aus der Geschichte, die Gartenbesitzer wiederholen die Fehler der Nachbarn. Der das schreibt, weiß, wovon er redet. Bei der Gartenplanung war ihm ein Essay von Siedler im Gedächtnis, der die Vertreibung der breitkronigen Laubbäume aus den Gärten beklagt. Aber dann, als es darum ging, den offenen Lehm zu bedecken und das freie Stück Land rasch gegen Einblicke zu schützen, als Freunde grüne Geschenke brachten und Überzähliges aus ihren Gärten zur Verfügung stellten, standen plötzlich filzige Rotfichten am Zaun, luftige Weißtannen, eine Lärche und fränkische Föhren dazwischen. Dann wurden auch noch drei Piniensämlinge aus den zu klein gewordenen Töpfen ins Freie gepflanzt. Und nicht genug damit! Das strenge Glück des Fernen Ostens durfte auch nicht fehlen. Drum steht im klösterlichen Kies des Vorgartens eine Japanische Rotkiefer, hinterm Haus stürmen zwei chinesische Metasequoien gen Himmel, und seitwärts, wo der Bach im Geröll verschwindet, beginnt eine Japanische Schwarzkiefer bizarr die Äste zu breiten.

Die schnellen Chinesen, sie sind nun nach sieben Jahren zwölf Meter hoch, und die langsamen japanischen Kiefern haben sich Wohnrecht erworben. Auch die Pinien, die nicht nur milde Winter überstanden haben. Sie schmücken. Ein Garten ist auch eine Galerie: Exoten werden ausgestellt und eingebunden. Den heimischen Waldgehölzen, so sie noch stehen, droht jedoch die Säge. Die kleineren hatten das zweifelhafte Glück, als Weihnachtsbäume ins Haus geholt zu werden und dort Andersens Märchen vom enttäuschten Tannenbaum zu hören. Die anderen dürfen noch Deckreisig liefern, bevor sie den Kamin befeuern. Grausam? Ja. Aber es ist Notwehr! Im tiefen Schatten der Tannen und Fichten verdrängt erst das Moos den Rasen und die Veilchen, später wird es auch dem Moos unbehaglich. Sogar der Efeu zögert. Tannen sind schön im Wald.

Darum soll Robert Walser, der beredte und nachdenkende Schweizer, noch einmal das Wort haben: »Wie prachtvoll sind Tannenwälder im Winter, wo die hohen, schlanken Tannen überschwer mit dem weichen, dicken Schnee beladen sind, so daß sie ihre Äste lang und weich herabsenken, zu der Erde, die ebenfalls vor lauter dickem Schnee nicht sichtbar ist! Ich, der Verfasser, bin viel durch Wintertannenwälder gewandert und habe immer die schönsten Waldsommer dabei vergessen können.«

Wir müssen ihm das glauben, dem Verfasser, daß er über der winterlichen Augenlust den harzigen Duft des Sommers im Wald vergessen hat. Und die schlanken Bäume, die unter der Last des Schnees ihre Äste lang und weich zur Erde senkten, mögen in Walsers Heimat tatsächlich Tannen gewesen sein. In deutschen Mittelgebirgen hat es der Spaziergänger fast immer mit Fichten zu tun. Denn die Tanne stellt die Äste waagrecht aus, auch noch die untersten. Es sind die Fichten, die mit schwingenden Ästen, deren Seitentriebe als grüner Behang abwärts rieseln, wie in zu weiten Kleidern dasitzen. Auch die Zapfen der Fichten hängen, bündelweise, bevor sie zu Boden fallen.

Doch die Tannenzapfen stehen wie Kerzen am Zweig und bleiben droben, bis sie nach der Samenreife zerfallen.

Robert Walsers schlanke schweizerische Tannen, deren dunkle Horste dem Schwarzwald den Namen gegeben haben, sind Weißtannen, Abies alba. Die flachen Nadeln breiten sich am Zweig kammartig nach zwei Seiten, die Unterseite zieren zwei weiße Streifen. Nach der Arbeit mit Tannenzweigen haftet ein schwacher Zitronengeruch an den Fingern. Stark nach Zitrone riechen die zerriebenen Nadeln der Amerikanischen Weißtanne, der Coloradotanne, Abies concolor. Die Nadeln der Pazifischen Weißtanne, Abies amabilis, die in Oregon und Washington zu Hause ist, duften nach Mandarinen. Die spiralig um den Zweig stehenden Nadeln unseres europäischen Weihnachtsbaums, der Rotfichte, Picea abies, riechen auch würzig, aber nicht so weihnachtlich, sondern nach Fichtennadelextrakt, also nach Badesalz.

Fichten und Tannen sind in den Wolken zu Haus. Sie sind Gebirgsbäume, keine Gartenbewohner. Regen und Nebel, das ist ihr Element. Und der Wind in den Zweigen. Christian Morgenstern ist Zeuge: »Zwei Tannenwurzeln groß und alt / unterhalten sich im Wald. // Was droben in den Wipfeln rauscht, / das wird hier unten ausgetauscht. // Ein altes Eichhorn sitzt dabei / und strickt wohl Strümpfe für die zwei. // Die eine sagt: knig. Die andre sagt: knag. / Das ist genug für einen Tag.«

Das Schneeglöckchen

Ich habe Schneeglöckchen gesehen; in Gärten und auf dem Wagen einer Bäuerin, die zum Markt fuhr. Ich wollte einen Busch davon kaufen, dachte aber, es schicke sich für einen stämmigen Menschen, wie ich bin, nicht recht, nach so zartem Wesen zu fragen.« Es ist Robert Walser, der so fühlt und schreibt. Kein Gärtner. Dichter. Freilich soll es auch Gärtner und Gärtnerinnen geben, die trotz ihres mörderischen Hangs zum Pflücken, Schneiden und Ausreißen gelegentlich von einer heiligen Scheu ergriffen werden, die ihnen die Arme lähmt, und eine Blume bleibt wider Erwarten unversehrt – grade wie manche Knaben angesichts ihres Mädchens nicht das Übliche tun, sondern bloß schauen und träumen.

Die Schneeglöckchen sind wie sehr geliebte Mädchen, denen man nicht gleich zu Leibe rückt. Sie wollen bewundert und besungen sein. Die feine Blässe, die schlanke Gestalt, die sanfte Unschuld, die schamhaft sich neigt und so viel verheißt – und steht mit nassen Füßen im eiskalten Matsch.

Schauen wir uns nochmal nach dem schüchternen Herrn Walser um. Der fragt nämlich doch. »Schneeglöckchen, wovon redet ihr?« So fragt er und weiß sich, wie jeder verliebte Jüngling, die Antwort selber zu geben. »Sie reden noch vom Winter; aber auch schon vom Frühling; sie reden vom Vergangenen, doch dabei schon keck und fröhlich vom Neuen. Sie reden vom Kalten und doch schon vom Wärmern; sie sagen: Noch liegt am Schatten und auf Höhen ziemlich viel Schnee, aber an der Sonne ist er schon geschmolzen. Noch kann allerlei Rauhes daherfahren. Dem April ist nicht zu trauen.« Dem April? Robert Walser hat seine Schneeglöckchen in der Schweiz erlebt. Wir sehen die unsern schon im Februar, in bösen Wintern schlimmstenfalls im März. Die unsern, das meint dieselbe, die heimische Art, Galanthus nivalis, die auf abgelegenen Wiesen blüht, in hellen Laubwäldern und seit Vorzeiten auch in den Gärten. Die botanische Wissenschaft und die Staudengärtnereien kennen noch ein Dutzend anderer Arten, die aber alle in Europa und im westlichen Asien zu Hause sind, in Südrußland, im Kaukasus, in der Türkei, in der Ägäis. Einige kommen im milden Klima so spät wie Walsers schweizerische Milchblume –

so heißt das aus dem Griechischen abgeleitete Galanthus auf deutsch. Das vom Peloponnes stammende Glöckchen reginae-olgae, das man auch auf Korfu und Sizilien trifft, blüht schon im September und Oktober, corcyrensis im November.

Schneeglöckchen im Herbst? Ganz ohne Schnee? Galanthus ikariae dagegen entfaltet sich spät, erst auf Ostern zu. Es ist auf der warmen Insel Ikaria zu Hause, wo Daedalus den Ikarus begrub. Ein Schneekind wiederum ist Galanthus elwesii, das besonders große und hochgestielte Glöckchen aus den kalten Gebirgen Kleinasiens, das schon im Januar zu blühen beginnt. Wer sich einen Überblick verschaffen will über die Besonderheiten und Ansprüche aller Arten und der gängigen Gartensorten, hat zwei gewichtige Bücher zur Wahl, die beide im Ulmer-Verlag erschienen sind: Die »Zwiebel- und Knollengewächse« von Reinhilde Frank und das lexikalische Handbuch der »Freiland-Schmuckstauden« von Jelitto / Schacht / Feßler. Nein, nicht zur Wahl. Man darf sie, Bücher sind keine Frauen, ungeniert beide haben, beide studieren. Da finden sich Schneeglöckchen mit gelben Flecken und, unvermeidlich, Züchtungen mit gefüllten Blüten – »ich hoffe«, beschwor schon vor Jahrzehnten Vita Sackville-West die Leserinnen ihrer wöchentlichen Kolumne im Observer, »ich hoffe, daß sich niemand für sie entscheidet; die Schönheit liegt in der reinen Linie der einfachen Glocke«.

Schneeglöckchen blühen immer überraschend, immer wieder früher als je, und sie blühen lang. Seufzend setzt der deutsche Gartenschriftsteller Karl Foerster hinzu: »Aber nie lang genug!« Und dann bildet sich eine Falte auf der Stirn des Gartenprofessors und Gartenerziehers, der Foerster vor allem war: »So hat man das zauberhafte kleine Heldengewächs gern in allerlei Varianten und freut sich über die Streckung des Blütenflors, ärgert sich aber immer über die vielen Schneeglöckchentrupps in den Gärten der Welt, denen die nötige farbige Blütennachbarschaft versagt wird.« Gewiß, wenn die Jungfräu-

lichkeit in Massen auftritt, kriegt sie leicht was Klösterliches, das den Liebhaber schreckt. Vielleicht, so möchte unsereins einwenden, ist das ungestörte weiße Wehen im Wind am Ende doch aufregender als jede noch so klug zusammengestellte bunte Gesellschaft. Wer dürfte, wer könnte denn die Jungfer im Hemd blühend begleiten? Zuerst der gelbe Winterling, das Veilchen natürlich, vielleicht auch Krokusse in einigem Abstand, dann der Märzenbecher, Primeln, Scilla, Zwiebeliris. Und so weiter. Es gibt da übrigens noch ein anregendes Buch, auch bei Ulmer, eine Lizenz aus Leipzig: »Narzissus und die Tulipan. Über alte und neue Blumenzwiebeln« von Wolf-Dieter Kaiser und Rainer Vetter. Hier sind, der Titel deutet es an, Streiflichter in die Pflanzen-Kulturgeschichte zwischen Naturbeobachtung und Gartenerfahrung gesetzt: Frühlingsabenteuer mit historischen Zwischenspielen.

So unempfindlich das Schneeglöckchen, das kleine Heldengewächs, gegen die Kälte des Spätwinters ist, so gefährdet sind die dünnhäutigen haselnußgroßen Zwiebeln, wenn sie später bei der Teilung des Mutterstocks an die Luft kommen. Sie trocknen rasch aus. Also schnell wieder in die Erde! Aber nicht zu tief. Der Boden, unter lichten Laubgehölzen, soll im Winter feucht und im Herbst trocken sein. Die Schneeglöckchen sind, wie fast alle Frühlingsboten, sonnenhungrig. Deswegen fühlen sie sich sogar im Rasen wohl, unter offenem Himmel. Dann darf aber nicht unentwegt gedüngt werden, sonst gibt es bloß viele Blätter, kaum Blüten.

Ob es der rechte Platz ist, den die Schneeglocken im Garten gefunden haben, erweist sich erst nach Jahren. Da ist kein Unterschied zwischen den Blumen und den Menschen. »Nur hübsch ausharren«, rät Robert Walser. »Das Gute kommt schon. Gutes ist uns immer näher, als wir glauben. Geduld bringt Rosen. Dieser alte, gute Spruch fiel mir ein, als ich letzthin Schneeglöckchen sah.«

Abbildungen

Inhalt

Zu dieser Ausgabe

Die Texte folgen den Ausgaben Johannes Roth, *Gartenlust*, Insel Verlag Frankfurt am Main und Leipzig 1992, und *Neue Gartenlust*, Insel Verlag Frankfurt am Main und Leipzig 1994. Die Texte und die Fotografien von Marion Nickig wurden für die vorliegende Ausgabe neu zusammengestellt.

 Bezugspapier mit einem Foto von Marion Nickig (Zwergmispeln – Cotoneaster). Gesetzt in der Schrift Adobe Caslon. Gedruckt auf holzfreies, alterungsbeständiges Papier der Firma Geese vom Memminger MedienCentrum. Gebunden in Fadenheftung von der Buchbinderei Spinner, Ottersweier. Printed in Germany
ISBN 978-3-458-19370-8

»Einfach schöne Bücher«

Im Jahr 2012 besteht die Insel-Bücherei seit 100 Jahren, in dieser Zeit sind über 1600 Bände der traditionsreichsten und schönsten Buchreihe Deutschlands erschienen.

Am 6. Juli 1912 erscheinen im Insel Verlag, Leipzig, die ersten zwölf Bände einer neuen Buchreihe. Sie heißt »Insel-Bücherei«, jeder Band, gebunden und mit Buntpapierüberzug, kostet 50 Pfennige. Der erste Band: *Rainer Maria Rilke, Die Weise von Liebe und Tod des Cornets Christoph Rilke.*

Der Insel Verlag führt die Reihe in Leipzig, Wiesbaden, Frankfurt und Berlin bis heute fort. Die Insel-Bücherei präsentiert klassische Literatur, Weltliteratur aus allen Kontinenten und moderne Texte, in Einzelausgaben und in Sammlungen, Bände zu kulturhistorischen Themen und Anthologien: »Weltgeist in der Westentasche« (Uwe Tellkamp).

Alle Bände sind typographisch individuell eingerichtet, mit Illustrationen, Fotografien, Schmuckfarben oder Vignetten versehen, auf holzfreien, alterungsbeständigen Papieren gedruckt, fadengeheftet und in dekorative Überzugspapiere eingebunden.

»Erst der Insel Verlag demonstriert,
was das ist: ein schönes Buch.«
DIE ZEIT